考拉旅行　乐游全球

- 说走就走的旅行 有我，就是这么简单！ ■ 一书在手，畅游无忧

KOREA GUIDE
畅游韩国
就这本超棒！

总策划 黄金山
《畅游韩国》编辑部 编著

华夏出版社
HUAXIA PUBLISHING HOUSE

目录 CONTENTS
畅游韩国 KOREA

LOOK!韩国!	010
韩国面孔!	011
TIPS!韩国!	014
GO!韩国交通!	022
速报!韩国10大人气好玩旅游热地!	023
速报!韩国10大无料主题迷人之选!	026
美食!韩国10大特色风味美食!	029
美食!韩国10大人气魅力平民餐馆!	031
带回家!特色伴手好礼!	033
热地!首尔年度最佳购物地!	035
热地!首尔世界大牌淘货地!	037
超IN!韩国7天6夜游!	040

① 首尔 047

景福宫	052		昌德宫	060
庆会楼	052		云岘宫	061
国立民俗博物馆	053		新新圆	061
景福宫石墙路	053		曹溪寺	062
土俗村参鸡汤	054		宗庙	063
首尔第二红豆粥	054		打开笔房	063
青瓦台	055		京一韩纸百货店	064
三清阁	056		仁寺洞大街	064
三清洞	056		宫中饮食研究院	065
TOYKINO玩具博物馆	057		北村文化中心	065
红色森林	057		塔洞公园	066
Romanee Conti	058		庆熙宫	067
漆 Gallery on	058		首尔历史博物馆	067
昌庆宫	059		崇礼门	068

南大门市场	069	南山公园	087		
新世界百货	069	大韩生命63大厦	088		
京一眼镜	070	汉江市民公园	089		
东大门	070	汉江	089		
黄鹤洞妖怪市场街	071	韩国整形街	090		
南大门美食街	071	岛山公园	090		
东大门小吃一条街	072	Rodeo Rode名店街	091		
斗山塔	072	国立中央博物馆	091		
Migliore	073	大韩剧场	092		
Hello apM	073	韩国之家	092		
CERESTAR	074	南山谷韩屋村	093		
东大门市场	074	威斯汀朝鲜酒店	094		
茶山桥	075	干鳕鱼汤Kol	094		
永渡桥	075	梨泰院伊斯兰寺院	094		
泰迪熊博物馆	076	梨泰院市场	095		
Bird & Tree	076	田舍之食卓	095		
N.Grill旋转餐厅	077	青纱草笼	096		
TODA COSA	077	Leeum美术馆	096		
HANSKIN	078	战争博物馆	097		
LANEIGE Star	078	货币金融博物馆	097		
天地然火汗蒸幕	079	德寿宫石墙街	098		
挪夫家部队锅	079	德寿宫	098		
O'sulloc Tea House	080	德寿宫现代美术馆	099		
明洞咸兴面屋	080	五福亭	099		
味加本	081	贞洞教会	099		
明洞炸猪排	081	首尔市政厅	100		
明洞	082	首尔广场	100		
Lotte Young Plaza	082	首尔市立美术馆	101		
营养中心总店	082	世宗文化会馆	101		
明洞饺子	083	乱打秀专用剧场	102		
全州中央会馆	083	贞洞剧场	102		
百济参鸡汤	084	龙山电子商街	103		
河东馆	084	I'PARK MALL	103		
明洞Omonichibu	085	罗阵商场	104		
明洞圣堂	085	龙山总站商场	104		
N首尔塔	086	龙山电子商场	104		
轮中路	086	宣仁商场	105		

咖啡王子1号店	111
Prince Edward SU KTV	111
弘益大学	112
弘大酒吧街	113
弘大未来路	113
新沙洞街路树街	113
七乐赌场	114
奉恩寺	114
COEX Mall	115
COEX水族馆	115
泡菜博物馆	116
华克山庄	116
乐天世界	117
乐天民俗饮食街	117
乐天世界溜冰场	118
马罗尼尔公园	118
乐天民俗博物馆	119
大学路	119
自由剧场	120
广藏市场	120
兄弟烤肉	121
延世大学	121
里门牛肉汤	121
北岳亭	121
梨花女子大学	122
梨大前购物街	123
MiGO	124
Kosney	124
春川家辣炒鸡排	125
Café Drama	125
DUCHAMP	126
龙水山	127
SM娱乐经纪公司	127
CAFFE'OASCUCCI狎鸥亭分店	128
KyoChon炸鸡神话店	128
朴大监烧肉店	129
the Galleria	129

京东市场	105
清溪川	106
永丰文库	106
教保文库	107
普信阁	107
韩国观光公社	108
三星大楼	108
清进屋	109
元祖奶奶鱿鱼中心	109
Sangsangmadang	109
自由市场	110
Four Seasons House	110

Walking Slowly	130	国际市场	156
GORILLAIN THE KITCHEN	130	南浦洞	157
Vanessa brune Outlet	131	西面	157
LINK'O	131	冬柏岛	158
		札嘎其市场	158

❷ 京畿道　133

		五六岛	158
乌头山统一展望台	136	广安里	159
板门店	136	广安里大桥	159
临津阁景区	137	海云台	159
MBC大长今村	138	梵鱼寺	160
Heyri文化艺术村	138	釜山电影院	160
爱宝乐园	139	釜山水族馆	161
练武台射箭场	140	松亭海水浴场	161
水原华城	140	机张大边港	161
八达门	141	福泉洞古坟博物馆	162
海刚陶瓷美术馆	141	金井山城	162
		国立庆州博物馆	162

❸ 江原道　143

		釜山市立博物馆	163
		忠烈祠	163
		庆州历史遗迹地区	164
统一公园	146	古坟公园	164
五台山	146	通度寺	164
真声博物馆	146	佛国寺	165
草堂豆腐村	147	石窟庵	165
正东津火车站	147	鸡林	165
雪岳山	147	雁鸭池	166
春川明洞	148	半月城	166
花津浦海滩	148	河回民俗村	166
雪岳水上乐园	148	瞻星台	167
南怡岛	149	芬皇寺和皇龙寺	167
雉岳山	149	40台阶文化观光主题街	167
束草大浦港	149	釜山近代历史馆	168

❹ 釜山　151

		西面1号街	168
		儿童大公园	169
		釜山乐天饭店表演	169
龙头山公园	156	三光寺	169
太宗台	156	西面美食街	169

釜山乐天免税店	170
大岘商场	170
福泉博物馆	170
东莱乡校	170
乐天百货商场（东莱店）	171
金刚公园	171
釜山海洋自然史博物馆	171
劳的奥街	172
迎月岭	172
釜山广域市立美术馆	172
釜山电影摄影中心	173
快艇赛场	173
釜山博物馆	173
釜山文化会馆	174
洛东江下游候鸟栖息地	174
UN纪念公园	174
乙淑岛雕塑公园	175

加德岛	175

 光州　　177

潇洒园	180
松广寺	180
乐安邑城民俗村	181
多岛海海上国家公园	182
国立光州博物馆	182
光州艺术街	183
光州世界杯体育场	183
高敞支石墓群	184
内藏山	184
智异山国家公园	185
无等山	185

 济州岛　　187

东门市场	190
济州牧官衙	190
中央路地下商店街	191
观德亭	191
樱花大道	192
龙头岩	192
济州小人国主题乐园	193
济州民俗自然博物馆	193
泰迪熊动物王国	194
雪绿茶博物馆	194
翰林公园	195
五日市场	195
天帝渊瀑布	196
汉拿山	197
蚊岛	197
西归浦独立岩	198
松岳山阵地洞窟	198
如美地植物园	199
城邑民俗村	200

药泉寺	201
济州民俗村博物馆	202
表善海水浴场	202
海女博物馆	203
城山日出峰	203
牛岛	204
万丈窟	204
太王四神记公园	204
玻璃之城	205

韩国其他地区　207

牙山	208
古薮洞窟	208
忠州湖	209
大邱博物馆	210
保宁美容泥浆节	210
大邱世界杯体育场	211
南原广寒楼苑	211
边山半岛国立公园	212
禅云寺	212
海印寺	213

索引　　214

出游需要个好帮手

《畅游世界》系列图书即将付梓,编者嘱我写序。我曾经从事旅游出版工作十余年,对旅游图书有些感觉,在这里谈一点感言,权作交差吧。

人生数十载,不外乎上学、工作、生活三部分内容。上学和工作乐趣不多,压力不少;只有生活(上学和工作之外)能够品尝出些许味道。而这其中,最有意思、最令人向往、最能给人带来欢乐与回味的生活方式便是旅游,尤其对于当今生活节奏快、成本高,工作压力大、收入低,人口密度高、服务差,整天像牛马一样机械地干活的都市人来说,旅游是一副综合的良药,虽不能说包治百病,却是良效多多。记得哲人歌德说过:"大自然是一部伟大的书。"而旅游就是阅读这部大书最为轻松愉悦的方式。一次短暂的旅游,可以使心灵得到长时间的安宁与抚慰;一次遥远的旅游,可以领悟人生的坎坷,体验生命的精彩;一次艰辛的旅游,留下的是难忘的记忆;一次快乐的旅游,带来的更是值得珍藏的财富。总之,旅游陶冶人的情操,愉悦人的身心,给人的生活带来无尽的希望与力量。

一次成功的旅游,需要做好三个阶段的工作:行前准备、途中指引、归来总结,而一本好的旅游指南书都能帮您搞定。虽然说现今的网络发达时代,利用各种固定的、移动的电子设备,可以查询相关旅游信息,方便快捷,但我对这些东西其实并不感冒,起码目前是这样,因为网上的信息东拼西凑、复制粘贴的太多,新兴的数字出版领域从行规建设、人员素质、质量控制等等诸多方面,要比已经发展了近百年的传统纸质图书行业稀松得多,可信度自然也就大打了折扣。数字出版物要想俘住广大读者的心,还有很长的路要走。所以,我建议出游的人们目前携带一本精要实用的纸质旅游指南书,还是明智的选择。

书店的旅游指南销售柜台已经摆满了花花绿绿的多家产品,各有优劣,读者尽可随意挑选。如果要我做个推荐,我自然要首推华夏出版社的"华夏行者——《畅游世界》"系列。这是一套为旅游爱好者量身定制的旅游指南书,通篇贯穿着一个宗旨,那就是让旅游者"畅",食住行游购娱一路顺畅,惊喜快乐。书中对目的地的地理、气候、人文、区划、交通等作了详尽的介绍,还对当地的旅游热点、风味美食、平民餐馆、伴手好礼以及购物佳地等都进行了精选归纳和说明,最重要的还是本书精心设计的几天几夜游,它对于那些没时间计划或不会计划的忙人或懒人来说,很是管用,让您无需计划,拎起本书即可坦然上路。至于它是否具备优秀旅游指南的各项要素,诸如全面性、准确性、实用性、针对性、时效性、美观性等等,我便不再废话,说多了有"王婆卖瓜,自卖自夸"嫌疑,读者用过了,自然便有了答案。

　　仁者乐山,智者乐水。对于热爱生活的人们来说,旅游的步伐,从来都是风雨无阻,愿携带《畅游韩国》出行的人们,畅来畅往,快乐安康。

华夏出版社社长、总编辑

LOOK!韩国!

1 印象

曾主办过1988年夏季奥运会和2002年韩日世界杯的韩国位于亚洲大陆东北端,是一个充满独特魅力的迷人国家。蜿蜒的汉江从韩国首都——首尔穿城而过,沿江两岸高楼林立,夜晚灯火辉煌,而置身其中则会发现在高楼大厦之间随处可见古色古香的传统韩式瓦屋,保留着古东方文明的精髓,而古朝鲜历代王宫、壮丽的古城门和宁静的寺庙更是令游人深切感受到韩国新旧并存、古老与现代完美融会交织的独特魅力。

2 地理

韩国位于亚洲大陆东北端朝鲜半岛的南部,东濒日本海,西与中国山东省隔海相望,地势东北高、西南低,山地面积约占70%,其中东北部地形最为陡峭崎岖,西南部则是沃野千里的平原,适合农耕。

3 气候

韩国属于温带季风性气候,四季气候分明,夏季最高气温可达到35℃左右,冬季平均气温则在0℃以下。韩国春季温暖、鲜花盛开,秋季温和,是一年中最适宜旅游观光的两个季节。

4 区划

韩国首都首尔现为特别市,此外全国还有京畿道、江原道、忠清北道、忠清南道、全罗北道、全罗南道、庆尚北道、庆尚南道、济州道9个道和釜山、大邱、仁川、光州、大田、蔚山6个广域市。

5 人口、国花、国歌

韩国现有人口5000多万,全国为单一民族,通用韩语,其中50%左右的人口信奉基督教、佛教等宗教。国花为木槿,象征着历尽磨难而矢志弥坚的民族性格。国歌为《爱国歌》。

韩国面孔！

NO.1 首尔

首尔是韩国的首都和第一大城市，居住着韩国三分之一的人口，是韩国政治、经济、交通、文化、教育中心。这里气候温和，适宜旅游，是韩国对外展示的一个窗口。首尔拥有N首尔塔、63大楼等高耸入云的现代建筑，也有景福宫、昌德宫、昌庆宫、奉恩寺、奉元寺、曹溪寺、独立门这样的历史古迹，更有明洞大街这样的购物中心。这里交通便利，有地铁、公交车、出租车等多种出行方式，可以方便地到达城市的任何一个角落。多元化、国际化正是首尔所展现出的独特魅力。作为韩国最知名的国家名片，这颗朝鲜半岛上的明珠正在日益散发出耀眼的光芒。

NO.2 济州岛

济州岛是韩国最大的岛屿，由火山喷发形成。济州岛本身就是海拔约1951米的汉拿山的一部分，可以说山就是岛，岛就是山，素有"韩国夏威夷之称"——其气温高，降水多，气候湿润，颇具南国特征。这里海岸线漫长，有无数洁白的沙滩，海滩活动相当丰富，是世界各地游客来韩国休养度假的首选。同时汉拿山周边也有着独特的火山风光，山上奇石怪岩遍布，还有神奇的熔岩洞窟。在火山上还生长着超过1800种的野生植物、昆虫等。岛上设施完备，各种娱乐设施和酒店鳞次栉比，不光服务优良，还时常有丰富的活动，让人有宾至如归的感觉。济州岛已经成为了韩国旅游的一大品牌，以其旖旎的风光吸引着来自世界各地的人们。

NO.3 韩剧

　　在过去几年中,以《大长今》、《冬季恋歌》等为首的韩剧开始在亚洲各国掀起了空前的韩剧风暴,韩国电视剧以其精良的制作、动听的配乐、细腻的剧情获得了观众们的一致好评。其剧情类型囊括了爱情剧、家庭伦理剧、校园剧、警匪剧、职场剧、搞笑剧等各个方面,每年出产的剧集超过千集,质量高、产量大,在各国的电视剧制作中实属少见。因此也不难理解韩剧何以在世界上拥有大量的拥趸了。近年来韩剧在剧情上也不断推陈出新,以更曲折、惊险、引人入胜的剧情取胜,加上演员精湛的表演技巧,这正是韩剧长盛不衰的秘密所在,也是韩国对外的一面文化旗帜。

NO.4 韩流

　　韩国的娱乐明星已经形成了大规模的热潮,随着这股热潮愈演愈烈,韩流的服饰文化也在各地流行开来。其最大特点就是夸张现代的风格,将人体的曲线演绎到了极致,举手投足间都散发着无穷的魅力。此外还包括韩国演艺界明星、电影、电视剧等,也都可以纳入韩流的范围内,这些文化产物都给韩国带来了大笔的经济收益,同时也带动了韩国旅游、餐饮、服装等产业的蓬勃发展,可以说已经成为韩国经济的一股重要的推动力。韩流的流行更使得亚洲各国的本土文化也萌发出了新的活力。

NO.5 泡菜

泡菜是韩国人生活中不可缺少的一部分,也是韩国本土文化的象征。韩国泡菜采用新鲜的蔬菜,用盐腌渍后,加入特定的调料,然后密封入罐中使之发酵,食用时方才取出。成分包括有萝卜、白菜等对人体有益的蔬菜,其营养丰富,口味独特,是韩国人日常食用和馈赠的佳品。而且韩国泡菜历史悠久,如今已经形成了一种文化,每年都有很多泡菜文化的研讨会、博览会和展示会在韩国召开。泡菜在韩国还象征着家庭亲情的传承——自制的泡菜,可令在外的人想起家的温馨味道。

NO.6 烤肉

韩国烤肉主要以烤牛肉为主。韩国的牛肉世界知名,其经过精心的饲育,肉质优良、鲜嫩可口,非常适合用来烤肉。而且韩国烤肉在烧烤时还要加入特别的酱料,牛肉的鲜嫩加上酱料的调和,吃起来别有风味,故以其味美在韩国餐饮业中独占鳌头,虽价格不菲,但依然可以风靡世界各国。在世界各地的大城市中几乎都能见到韩国烤肉店的身影,味道或正宗或加以改良,但是那浓浓的韩国风情却是恒久不变,是韩国传统饮食走向世界,并成功开拓世界市场的先锋。

TIPS!韩国!

❶ 办理赴韩旅游签证

现在前往韩国旅游,可以参加旅行社的团体旅游,也可以选择自由行个人游签证。团体旅游签证可以委托旅行社办理,个人游签证具体办理手续如下:

个别观光签证申请(个人游)	
申请资格	我国各地居民都可以申请个人游签证。
所需证件	1.签证申请表1份;护照正本,1张2寸照片 2.本人居民身份证复印件 3.在职证明、营业执照本复印件(持有国际通用信用卡的优秀客户可以无需该材料) 4.经济能力证明材料(最近6个月内的信用卡账单、能确认最近6个月内存取款情况的存折复印件、车辆或房产的所有证明、银行存款证明、收入证明、纳税证明中的任意1项) 5.暂住证原件及复印件(户口所在地不属于申请签证的领事馆管辖范围的)
韩国驻中国使馆一览	韩国驻华总领事馆:北京市朝阳区东直门外大街亮马河南路14号塔园外交办公大楼,电话:010-65326774,010-65326775 韩国驻成都总领事馆:四川省成都市下南大街2号天府绿洲大厦19层,电话:028-86165800 韩国驻上海总领事馆:上海市万山路60号,电话:021-62955000,021-62952639 韩国驻青岛总领事馆:山东省青岛市崂山区秦岭路8号,电话:0532-88976001 韩国驻广州总领事馆:广东省广州市天河区体育东路122号羊城国际商务中心西塔18楼,电话:020-38870555 韩国驻沈阳领事馆:辽宁省沈阳市和平区南13纬路37号,电话:024-23853388 韩国驻香港总领事馆:香港湾仔远东金融中心,电话:852-25294141
所需费用	单回使用签证,停留时间在90日以下的手续费是210元,90日以上是350元。多次使用签证560元,再次入境签证140元。
领取证件	申请受理后,按照回执上标明的取证日期到指定部门领取证件。领取时应携带本人户口簿、居民身份证和回执,并在交付证件(签注)费用后取证。取证后一定要认真核对证件及签注的各项内容,防止出现差错。
注意事项	1.不要用无效护照申请签证,申请时请说明入境目的、停留时间以及旅游计划。 2.个别观光签证只能用于旅游观光,不可以进行例如商业活动等其他的活动。 3.开具的所有证明文件,除房产登记簿、护照、户口本、身份证等文件以外,其他材料必须是在申请签证3个月之内开出的有效证明文件。 4.乘坐直达济州地区的飞机或船舶,团体观光客必须统一搭乘同一航班或船舶出入境。以观光、过境等为目的,从济州岛口岸入境的个人及团体游客(含中国籍个人观光客及团体观光客),可在济州停留时间为30天。另外,还有过境免签、换乘观光项目参加者、济州行换乘中国团体观光客、青少年修学旅行团免签证入境、免签观光登陆许可等时间不等的免签停留。

*上述介绍仅供参考,具体申请手续以当地有关部门公布的规定为准。

❷ 出入境口岸

游客在办理好个人观光签证之后,就可以搭乘飞机或客轮去韩国旅游了。目前,能够出入韩国的口岸主要有以下11个,游客可以根据具体情况自由选择:

出入境口岸	交通工具	入境情况	开放时间	进入市区的交通方式
仁川国际机场	飞机	入境轮候时间较短	24小时	可乘坐豪华公交车直接进入首尔,也可以选择高速铁路,达首尔需要55分钟左右,价格在1.3万韩元。
大邱国际机场	飞机	入境轮候时间较短	24小时	大邱国际机场位于大邱地铁1号线峨洋桥站附近,可以方便地搭乘地铁进入市区。这里乘坐公交车也相当便利,价格在1100韩元左右。
襄阳国际机场	飞机	入境轮候时间较长	24小时	可以乘坐公交车进入市区。
清州国际机场	飞机	入境轮候时间较短	24小时	从清州国际机场,一共有4条公交车线分别前往清州、忠州、天安及大田市4座城市。
金浦国际机场	飞机	入境轮候时间较短	24小时	可以通过首尔地铁5号线进入首尔市区,或者乘坐机场铁路到达韩国的各大城市。
金海国际机场	飞机	入境轮候时间较短	24小时	乘坐公交车到达釜山,需要4500韩元。
务安国际机场	飞机	入境轮候时间较短	24小时	这里只有机场大巴能够进入市区。
济州国际机场	飞机	入境轮候时间较短	24小时	济州国际机场可以乘坐市内公共汽车进入济州市区。
仁川第2国际旅客码头	轮船	入境轮候时间较短	24小时	从港口乘坐班车就可以直接进入仁川市区。
平泽港国际客运码头	轮船	入境轮候时间较短	24小时	京釜高速公路和西海高速公路都从这里经过,乘坐班车可以迅速前往首尔、釜山或者平泽市。
木浦港国际客运码头	轮船	入境轮候时间较短	24小时	这里有定期航线直通仁川和釜山港,也可以乘坐高速公共汽车或者火车。

❸ 出入境手续

出中国国境时,需要先出示护照、机票或者船票,去行李托运处办理相应的手续,领取行李牌,然后按照指示通过海关检查和安全检查即可。在韩国入境时,首先要填写入国申请书和游客携带物品申报单。如果游客随身携带的行李不多,也可以口头申报。如果游客携带的物品价值不超600美元,所持外币不超1万美元,都可以从免课税的简便柜台办理手续。随身携带的自用衣服、首饰、化妆品及日用品、200支香烟、1瓶1000毫升的酒、香水2盎司,以及不包含烟酒在内、价值400美元以下的商品都属于免税范畴。

现在,从仁川机场、金浦机场等入境的团体游客可以通过标有"团体游客Group Tour"指示牌的专用审查台接受入境审查,不仅手续方便了许多,也节省了大量的时间。

*内地禁止出境、韩国禁止入境,以及需要申报物品的相关规定,以两地海关的详细规定为准,游客可以登录中国海

关网页http://www.customs.gov.cn，以及韩国海关网页http://chinese.customs.go.kr/，查看相关规定。

4 货币兑换

韩国的货币单位是韩元，现通行的硬币分为10、50、100及500元四种，而纸币则有1000、5000、1万和5万。外币现钞或旅行支票，可在市中银行与其他指定的兑换场所兑换韩币。

另外，国际信用卡，包括VISA、American Express、Dinners Club、Master、JCB、LG、Winners以及Carte Blanche，都可以在韩国主要大饭店、百货公司及餐厅使用，不过最好还是先查看贴在入口处的告示，确认哪些公司的信用卡可用来结算。

5 语言

在韩国，基本都是用韩语，英文只有在豪华观光酒店以及大型百货公司中才会用到。另外，一些韩国华侨也会说汉语。

6 酒店

韩国的酒店提供的牙膏、牙刷、洗发水等个人用品是要收费的，而且价格不菲，可以自己预先备好。这里的电压和国内相同，都是220伏，不过插头一般为两脚圆插头和两脚扁插头。酒店没有开水提供，必须自己烧。

7 税

在韩国消费的一般费用中，就已经含有了增值税，因此只要按照价目表上的价格支付即可。不过有些高级餐厅中，菜单上的价格有时不包含10%的增值税，在付款的时候请先问清楚。另外，在有"Tax Free Shopping"标志的商店里购物，可以享受返还增值税的优惠。条件是必须在购买之日起的3个月内出境，并购买规定的最低购买价格以上的商品。出境时，向海关出示免税购物发票并加盖图章后，就可以去机场附近的退税窗口获取现金。

8 通讯

自从手机普及后，首尔大街上的公用电话逐渐消失了，只有繁华街道、地铁站、飞机场和其他人流较多的地区才设有公用电话。公用电话机分为两种，一种可以使用硬币，另一种是电话卡专用。电话卡可以在便利店购买，分为3000韩元、5000韩元、10000韩元3种，有效期为3年。市内通话每3分钟70韩元；市外通话：8:00~21:00，每43秒70韩元；21:00至次日早上8:00，每61秒70韩元。游客也可租赁手机使用，机场、酒店和部分景点有租赁手机服务，手机通话每38秒70韩元。

一般座机、手机拨打国际（中国）电话，国际接入号和通话费用如下表：

国际接入号	每分钟话费（韩元）
001	990
002	996
005	99
008	65
00365	240
00700	780
00770	390

9 小费

韩国有些高级餐厅和豪华宾馆会在基本费中加收10%的服务费，因此不需要给小费。韩国的服务业也没有收取小费的习惯。

常用电话：

韩国旅游咨询热线：1330
韩国旅游发展局投诉电话：2-7350101
韩国报警电话：112
韩国火警电话：119
中国驻韩国大使馆电话：2-73810389
失物申报中心电话：2-22991282

⑩ 出入境受限物品

一、出入境禁止及受限携带物品

可登录以下网址查看信息，以作参考，以免携带被禁止或限制物品出入境。

* 关税厅：http://english.customs.go.kr
* 仁川国际机场：http://www.airport.kr/eng
* 农林水产检疫审查本部：http://www.qia.go.kr
* 农林畜产检疫本部：http://www.qia.go.kr

二、出入境禁止携带的物品(不可通关)

* 有碍国家宪法、公共治安、风俗习惯的书籍、图片、影像、照片、激光唱盘、CD、CD-ROM等物品。
* 泄漏国家机密或挪用情报嫌疑的物品。
* 伪造、仿造、假造的货币、钞票、支票、债券及其他有价证券等。

三、出入境限制携带物品

* 枪械、刀剑等武器类物品(包含模型及装饰用)，爆裂物及有毒性物质。进口枪炮及军需用品的旅客，务必获得地方警察局厅长的认定同意方可携带。

* 依据毒品管制法律规定，携带包含鸦片、可卡因在内的毒品、精神神经用药剂及大麻草等相关物品，必须获得保健福祉家族部长官的许可。

* 根据野生动植物国际交易协定(CITES)中所示，濒临绝种危机及受保护野生动植物所制成的所有物品。
  - 以老虎、豹、大象、驼鸟、鹰、猫头鹰、眼镜蛇、乌龟、鳄鱼、鲟鱼、珊瑚、兰花、仙人掌、芦荟等动植物所制成的有关标本、毛皮、象牙、皮包、皮夹及首饰品等。
  - 熊胆、麝香等制成的动物中药及医药品。
  - 木香、狗脊及天麻等制成的植物中药及医药品。

* 价值金额超过1万美元的对外支付方式(本票、汇票、信用证除外)、国内货币(韩元)及标示为韩元货币的旅行支票(出入境时需先主动向海关申报)。

* 现金支票、银行支票、邮政汇票等。

* 贵重金属(日常生活中佩戴的金戒指、项链等除外)及证券(出入境限制物品)。

* 文化财产物品。

* 依据水产业法、水产动植物的移植许可规定中有列入的物品(出入境限制物品)。即：可能造成韩国水力资源维持保护及无法确保是否有碍养殖用种苗疑虑的物品，被指定为天然纪念物的品种。

* 废弃物往返移动运输及相关处理法律规定的物

品及物质 (出入境限制物品)。
* 植物、水果蔬菜类、农林产物 (出入境限制物品)。
* 动物(包含肉、皮、毛)及畜产物 (出入境限制物品)。

四、出入境禁止携带上机物品

为保证飞机航行的安全及乘客的生命财产，规定禁止携带及运载部分物品。若有携带或运载禁止物品上机，物品将会被没收，如牵扯犯罪嫌疑时，将移交安全部门处置惩罚。

1.尖锐锋利的危险物品

所有尖锐锋利的物品(含指甲刀、瑞士军刀、剪刀、文具用刀片、筷子、刀叉等)皆严禁携带上机。为避免随身携带该类型物品上机，可向航空公司申报并置放于托运行李内。

2.液体类、胶状、喷雾类物品

自2007年3月1日起正式实施，所有搭乘由韩国出发的国际线航班(包含通关、转机)的旅客，凡随身携带液体类、胶状、喷雾类物品容器上机皆有所限制。

●可携带出境之容量

每一容器不得超过100毫升，并需装置于一个不超过1升大小且可重复密封的透明塑胶夹链袋内，所有容器装于塑胶夹链袋内时，塑胶夹链袋必须可完全密封，且每位旅客仅限带一个透明塑胶夹链袋。

* 1升大小且可重复密封的透明塑胶夹链袋可在机场内便利商店、药店、书店中购买。

●可携带出境之条件

登机前请将液体类、胶状、喷雾类物品妥善包装于可密封的透明塑胶夹链袋后，再放入随身携带行李内。

* 需将所有容器妥置于1升规格的透明塑胶夹链袋内。
* 需置放于约20厘米×20厘米大小、可重复密封的透明塑胶夹链袋内，且需完全密封。
* 若透明塑胶夹链袋无法完全密封时将可能不被获准通关。
* 请在通过安全检查前将物品另外拿出交给海关人员以便检查。

●免税商品

通过安全检查后于机场免税店内购买的商品或在市区免税店内购买后至机场提领的商品，若为液体类、胶状、喷雾类(包含酒类及化妆品)，必须符合下列规定的条件方可携带。

*必须使用免税店所提供的可重复密封的透明塑料袋或依国际标准方式所制造的可防止毁损的透明塑料袋(Security Tamper Evident Bag; STEB)来妥善包装。

*在飞机抵达最终目的地之前需保持商品未开封的状态。

*购买免税商品时，应将店员所递交的收据同封放置或附着在可防止毁损的透明塑料袋内，即可不受容量的限制携带出境。

可防止毁损透明塑料袋是在购买商品时由免税店所提供。但在航行过境其他国家时，由于各国飞航安全规定的不同，建议事先了解该国对转机乘客所携带物品的规范或向机场、旅行社询问。

●规定外的其他物品

*当随行同伴有婴幼儿时，在飞行中可使用的婴、幼儿食物(包含幼儿用流质食物、母乳及果汁等)。

*需在飞行旅途中使用或服用的医药品(包含开有医生处方笺的所有药品及市售成药)。

*为维护乘客健康，特别需食用的食疗处方饮食（包含乳糖、谷蛋白黏胶质食物等）。

上列所述的物品请务必事先提交出示给海关人员，以便检查。

需持有医生处方开列的医药品名称或可证明物质来源的资料(包含处方笺、药袋、医生诊断书等)。为了确保该物质的安全性，将由海关人员监督长官来判断是否可以准许携带上机出境或可能遭禁止没收。

五、电子产品

* 个人使用的电子产品，如手表、手提电脑、平板电脑、手机、电脑、照相机等，可携带上机。
* 备用的锂电池不得托运，仅限置放于手提李中，且需做好保护以防短路。

🧒 儿童

以下提供给带小朋友一起去韩国旅游的父母一些便利的信息。除了交通、医院外，也整理了适合与小朋友同行的景点与购物中心。

交通

在韩国带小朋友出门旅行，最舒适方便的交通工具是火车。与大人一起搭乘火车，未满4岁的孩童可免费（满4岁但未满13岁的儿童，可享原定价50%的优惠折扣），首尔站、龙山站、釜山站等主要火车站内设有哺乳室。此外，高速列车KTX内设有哺乳或更换尿布的空间。

韩国的地铁大部分设有电梯或手扶梯，即使携带婴儿车外出，亦可轻松地搭乘地铁。与大人共同搭乘公交车或地铁时，未满7岁的孩童可免费，但1位大人与1位小朋友同行时方可免费，若有2位小朋友，则需支付1位小朋友的费用。

购物

大型特价超市乐天超市、E-MART等可出借婴儿车或小朋友可坐乘的车子。此外，购物设施内常设有哺乳室，可在其内休息。很多百货公司与大型购物中心亦可免费出借婴儿车，同时设有小朋友可玩乐的游乐空间，让大人可轻松舒适地享受购物乐趣。

欲在韩国购买便宜的幼儿玩具或服饰等，可前往位于南大门市场的儿童服饰商街。在东大门内的文具街可以30%~50%优惠的价格购买文具商品。

主题公园

前往小朋友喜爱的拥有游乐设施与玩偶秀的主题公园时，可不必携带婴儿车，因为在主题公园入口处就可出借婴儿车。主题公园内洗手间旁皆设有哺乳室，并免费提供尿布、湿纸巾等。主题公园以外的首尔国立博物馆等大型博物馆也可免费出借婴儿车。

医院与紧急联络处

欲在韩国购买医药用品，必须要有医师的处方（除了退烧药或止泻剂等相对简单的药品以外），所以生病通常都需要前往医院就医。

医院与紧急联络处

位置	医院	外语服务	联络电话
仁川机场 地下1楼	仁川国际机场医疗中心	英语/日语/中文	机场咨询电话 +82-32-743-2600
首尔新村	Severance医院	英语	紧急时 +82-2-2228-8888, 6566 预约时 +82-2-2228-5800~10
首尔大学路	首尔大学医院 (附设儿童医院)	英语	急诊室 +82-2-2072-2473 (本院) +82-2-0130-484-0505 (国际诊所) +82-2-2072-3563~4 (儿童医院) 预约时 +82-2-2072-0505 (国际诊所) +82-2-2072-3580 (儿童医院)

餐厅

韩国大型餐厅或家庭餐厅、快餐餐厅等皆备有儿童专用餐椅,点菜时可事先要求借用。此外,由于大多数的韩国餐厅使用筷子,与小朋友共同用餐时,可向店家要求儿童用的餐具(个人碟子或叉子)。近来为服务携带小朋友外出用餐的家庭,在用餐区旁边设置游乐区的餐厅逐渐增加。

12 紧急求助咨询

实用电话簿

报案:112

报案专线112提供外语翻译服务,包括英语、日语、中文、俄语、法语、西班牙语及德语翻译服务。
服务时间: 8:00~23:00(周一至周五); 9:00~18:00(周六、周日)。

火警:119(与旅游咨询热线1330连线)

紧急医疗中心:1339

全国12个地区设有紧急医疗中心,一年365天,专业护士与急救人员24小时全天候待命。医疗小组将透过申报电话了解需要救助的状况,提供最佳的处理方式,情况危急时,还可代为联络119,请求派遣救护车将患者移送至最适合的医院。

国际手动电话:00799

从韩国拨打至国外时,通过此服务电话,直接将对方的电话告知国际电话交换员后,便能马上接通。此外,这个电话亦提供由受话者负担电话费的"受话者付费服务"与能解决语言问题的"同步翻译电话服务"等。

电话号码查询：区码+ 114
按下当地区码+114后，告知接线人员所要查询的业者商号，便可获得该业者的电话号码与地址等信息。

游客申诉中心：02-735-0101
游客申诉中心是专为在韩国旅行的游客解决所有不便之处的机构。咨询人员在商谈的同时，提供问题的解决方法，同时将该问题呈报至主管单位，以避免相同问题再度发生。除电话之外，还可利用电子邮件或传真咨询。

旅游咨询热线：1330
不分地区、时段，只要是在旅途中，遇到景点、住宿、购物等任何问题，都欢迎拨打旅游咨询热线1330，手机请拨02-1330。1330提供24小时的英语、日语、中文服务，1330除为游客解决旅程中所有的疑难杂症外，更与火警救灾救护专线119连线，提供及时的帮助。

驻韩代表部

国家/地区	地址	电话(首尔区号02)	电子邮件
中国	首尔钟路区孝子洞54	738-1038-9	
中国台湾	首尔钟路区世宗路211 光化门大厦6层	399-2780	tmikid@chollian.net

医院
大部分医院皆可提供英语咨询服务，游客可利用下面的综合医院。

Severance 医院
地址：首尔市西大门区新村洞134
电话：+82-2-2228-5800、+82 2 392-3404
网站：http://www.yuhs.or.kr/en/
诊疗时间：平日 9:30～12:30、13:30～17:30；周六 9:30～12:30

峨山中央医院 (Asan Medical Center)
地址：首尔市松坡区风纳洞 388-1
电话：+82-3010-5001、+82-3010-7941
网站：http://eng.amc.seoul.kr
诊疗时间：平日9:00～17:00

三星医院 (Samsung Medical Center)
地址：首尔市江南区逸院洞50
电话：+82-2-3410-0200、+82-2-3410-0228
网站：http://english.samsunghospital.com
诊疗时间：平日9:00～16:00；周六9:00～11:00

遗失物申报中心
遗失物品时，请与首尔警察厅失物招领中心Lost112联系。
地址：首尔市西大门区美芹洞209号
电话：182 (韩语)
网站：https://www.lost112.go.kr/manyLanguages/lost112_home/en/en_main.htm

GO!韩国交通!

1 航空

韩国的大韩航空公司和韩亚航空公司每周有近千次航班从首尔飞往北美、南美、欧洲、北非、中东和亚洲各主要城市,游客前往韩国非常便利。位于韩国仁川市西侧永宗岛的仁川国际机场是亚洲最繁忙的机场之一,同时也是韩国规模最大的民用机场,中国游客可以从北京、上海、深圳、重庆、沈阳等国内城市直飞仁川国际机场,飞行时间为2—4.5小时不等。位于首尔特别市南岸极西江西区的金浦国际机场曾经是国际机场,自从仁川机场投入使用后转而成为以韩国国内航线为主的机场,可乘航班前往釜山、济州、大邱、束草、光州、晋州、原州、清州、丽水、蔚山、木浦、群山、江陵和浦项等韩国各大主要城市。

2 火车

拥有多座火车站的首尔是韩国全国最大的铁路枢纽站,韩国共有14条以首尔作为首发站的铁路线路向全国各主要城市辐射,其中首尔火车站是首尔的主火车站,和同在首尔的龙山站并称为韩国最重要的两座火车站,从首尔站和龙山站可以乘坐火车前往韩国全国各主要城市,往返釜山和光州的高速铁路KTX也在这两站停靠。清凉里站是连接清凉里站和庆州市庆州站的中央线的始

发站,所以前往庆尚南道和江原道的火车一般从这里出发。此外,前往江原道春川的京春线列车及岭东太白线的部分列车也从清凉里火车站出发,并有火车通往江原道、江陵市、庆尚北道的安东市等著名旅游城市,非常适合游客乘坐。永登浦站发出的列车主要开往平泽、顺天、丽水等地。

3 长途客运

首尔和釜山是韩国长途客运的两大枢纽城市,其中首尔共有高速汽车客运站、Central City客运站、东首尔客运站、南部客运站和上凤客运站5座长途汽车站,釜山则拥有釜山综合汽车客运站、釜山东部庆南长途汽车客运站和釜山西部长途汽车客运站,游客可以在这两大城市乘坐长途客车前往韩国所有的主要城市,非常方便。

4 船运

由于三面临海,因而韩国海运比较发达,是世界排行第13位的海运大国,从许多国家都可以乘客轮前往韩国。釜山港和仁川港分别是韩国的第一、第二大国际港,中国游客可以从上海、天津、秦皇岛、大连、丹东、青岛、烟台、威海、日照和连云港乘客轮前往韩国,此外从日本神户和下关等地也可乘坐客轮前往韩国。

速报！韩国10大人气好玩旅游热地！

畅游韩国 推荐

NO.1 景福宫

景福宫是韩国首尔规模最大、最古老的宫殿之一，是韩国封建社会后期的政治中心。主要建筑有勤政殿、思政殿、康宁殿、交泰殿、慈庆殿、庆会楼、香远亭等殿阁。其中，景福宫的正殿勤政殿是韩国古代最大的木建筑物，雄伟壮丽，是举行正式仪式以及接受百官朝会的大殿。

NO.2 乐天冒险世界

乐天冒险世界是世界最大的室内娱乐中心，韩剧《天国阶梯》也是在这里拍摄的。这里有惊险的娱乐设施、凉爽的溜冰场、各种表演、民俗博物馆。另外还可以在湖边散步，可以说是个令人感到快乐、刺激、激情、浪漫的主题公园。

NO.3 汉拿山

汉拿山是韩国三大名山之一，海拔1950米，是韩国最高的山，由30万到10万年前的火山熔岩形成。汉拿山见证了济州岛的历史变迁，在济州岛的任何地方都能看到，而且不同的观看角度，山势也不同，因此充满了神秘色彩。

NO.4 天地渊瀑布

天地渊瀑布从黑色熔岩的悬崖峭壁上倾泻而下,发出雷鸣般的声音,宛如九天落下的银河,非常壮观。瀑布周围是茂密的树林,林中遍布野花以及活跃着许多野生动物,给这处本身就很壮观的风景增添了无限生机。

NO.5 N首尔塔

N首尔塔位于首尔市中心的南山山巅,全高236.7米,1980年开始对游人开放。这座高塔最独特之处就在于它的夜景,政府花费了近150亿韩元在首尔塔上安装了适用于不同时间和不同季节的照明设备,每天晚上会有6支探照灯在天空中拼出鲜花盛开的图案,被称为是"首尔之花"。总之,一到夜晚,N首尔塔光彩夺目,非常迷人。

NO.6 城山日出峰

城山日出峰海拔182米,是一块高耸的巨岩,由10万年前海底火山爆发而形成。在城山日出峰顶观看日出非常壮观,让人叹为观止,被称为是济州岛第一景,吸引了来自世界各地的游客前来欣赏。每到春天,附近的油菜花就会盛开,在大片金灿灿的油菜花田中观看日出更是美妙无比。

NO.7 南山公园

南山公园位于首尔市中心，是首尔市内最大的公园。作为首尔市的制高点，南山上树木葱茏，从山顶往下望，漫山遍野的松林郁郁葱葱，阵风吹过，好像翻起一波波海浪一般。沿着山间的小路漫步，感受着身边清新的空气，即使是炎炎夏日也能觉得一阵阵清凉。或是可以乘坐山间的缆车，置身于翻滚的松涛之上，遥望着远处一座座高楼大厦，奔流而过的汉江，马路上的车水马龙，都给人带来极大的视觉冲击。

NO.9 宗庙

宗庙是现存最早的和最可信的尊崇儒家的皇家宗庙，用来祭祀朝鲜王朝（1392—1910）的历代祖宗。现在保存着16世纪时的原貌。1995年列入世界遗产名录。现在这里经常举行有音乐和歌舞的宗教仪式。

NO.8 COEX水族馆

COEX水族馆是韩国唯一的一座主题型水族馆，在这里拥有40个参观用水池和140多个饲养池，馆内由深邃的海底隧道连接起各个主题的观赏区域。置身其中，一路上您可以看到印加帝国的沉船，亚马逊多种多样的淡水鱼类，聪明的水獭，大西洋里的鲨鱼，憨态可掬的海龟，随处都充满了海底的野趣。

NO.10 昌德宫

昌德宫是朝鲜王朝时期五大宫之一，也是朝鲜王宫里保存得最完整的一座宫殿。该宫殿始建于1405年，后经多次重建，最大时有宫殿建筑230多间，现存建筑13座60余间，包括敦化门、仁政殿、大造殿、后苑等。其中这里的后苑被誉为是"韩国代表性的园林"。

速报！韩国10大无料主题迷人之选！

NO.1 首尔广场

首尔广场大部分都是青绿的草地，这些草坪上都是允许人们上去行走的。经常可以看到一对对、一家家的首尔人在这里或是谈情说爱，或是合家团聚，甚至还有人在上面搭起了帐篷，享受着悠闲的休息时光。环绕着广场还设

置了华丽的景观照明系统，入夜以后这里都会放射出迷人的光华，使得这里更富有魅力。

NO.2 仁寺洞大街

仁寺洞大街位于首尔市中心，是一处以买卖各种文化商品的文化街。这里以中央大道为中心，两侧如鱼骨一般分布着很多小巷，小巷里分布着画廊、传统工艺店、古代美术店、传统茶店、传统饮食店、特色咖啡馆等店铺。来这里无论是逛街购物，还是品尝美食，都会给您留下深刻的印象。

NO.3 大韩生命63大厦

位于汝矣岛上的大韩生命63大厦是韩国最高的高层建筑，这座建筑共分地下3层，地上60层，全高264米。大楼整体外墙都用双重反射玻璃搭建，在阳光下熠熠生辉，绚烂夺目，宛如一座黄金宝塔。

NO.5 广通桥

广通桥迄今已有600多年的历史,是清溪川上历史最悠久的桥梁。这座桥梁是李朝王室进出皇宫的必经之道,虽然没有什么华美的装饰,却有着简朴大方的风范,桥身上的斑痕既有风霜洗礼的痕迹,也有战火硝烟的气息。每年的正月十五,身着传统服饰的青年男女都会聚集到这里参与传统的"踩桥"活动,他们在这里跳跃着,打闹着,尽情地挥洒着青春的活力。

NO.4 轮中路

轮中路最大的风景就是沿路那一株株樱花,是韩国最著名的赏樱胜地。每到4月樱花花季,这里通常都是花瓣飞舞,落英缤纷,不管是人是车都像是被樱花覆盖住了一样,漫步其中好像在画中游一般。

畅游韩国 | 推荐

NO.6 汉江

汉江是首尔的母亲河,千里江水奔流不息地东西穿过首尔市区,是首尔人的生活命脉。沿江经过多年的绿化和建设,形成了不少美丽的自然景观,如诸多的江滨公园和绿地。另外,这里还开辟了专用的自行车道,人们可以骑着自行车穿梭于汉江之畔,遍览这里动人的美景。入夜之后,五彩灯光将这儿照射得如同白昼,河中游船来往行驶,望着两岸光影变幻的动人景致,听着耳边江水拍岸的声音,别有一番情调。

NO.7 明洞

明洞大街是首尔最著名的购物街，在全长约1公里的大街上分布着大大小小数百家店铺，在这里不仅可以购买服装、鞋类、杂货和化妆品，还有各种韩式风味的饮食店和咖啡厅等。初到明洞，会被这里宛如围棋棋盘一样的布局搞得不知所措，当您沿着大街慢慢品味的时候，就会感觉到首尔这座国际化大城市的特色和魅力。

NO.9 广藏市场

广藏市场是首尔最大的市场之一，也是一家以经销丝绸、棉麻布、服装、床上用品和手工艺品为主的传统综合市场。早在1904年这里就已经颇具规模，100多年来这里伴随着韩国的经济腾飞，见证了韩国的繁荣。

NO.8 正东津火车站

正东津火车站是韩国最美的火车站之一，因其位于首尔光化门的正东方向而得名。由于著名的韩国电视剧《沙漏》曾在这里拍摄，因此正东津火车站成了韩国民众到东海岸欣赏日出的旅游景点之一，也受到了世界各地韩流电视剧爱好者的欢迎。

NO.10 新沙洞街路树街

位于江南大路和狎鸥亭洞之间的新沙洞街路树街，是江南区少数具有欧陆式小镇式异国风情的大街，也是一个将时尚和艺术完美融合的文化空间，街边散发着欧洲风情的咖啡馆、华丽眩目的时尚潮牌商店、充满浪漫情调的葡萄酒吧、风味正宗的各国料理餐厅、优雅的独栋明星公寓等，都令人陶醉不已。

美食！韩国10大特色风味美食！

1 韩国烧烤

韩国烧烤在世界上都很有名气，主要以牛肉为主，如牛里脊、牛排、牛舌、牛腰等，其肉质鲜美爽嫩，极受欢迎。另外，还有海鲜、生鱼片等也都是韩国烧烤的美味，不过以烤牛里脊和烤牛排最受青睐。

3 韩式大酱汤

酱是韩国人最爱的调味料，大酱可用来做大酱汤。韩式大酱汤有热汤、凉汤两种。其中，凉汤是用大酱调成汤，再放入黄瓜丝、辣椒酱、葱花等佐料而成。三伏天喝凉汤，祛暑解热。热汤味道也不错，喝后令人回味无穷。

畅游韩国 推荐

2 韩国料理

韩国料理比较清淡，少油腻，而且基本上不加味精，蔬菜以生食为主，用凉拌的方式做成，味道的好坏全掌握在厨师的手指中。韩国料理中多以米食为主食，另有面食、荞麦、肉等，不过品尝过韩式白菜泡菜的客人都会对这个韩国饮食文化中的"国粹"难以忘怀。

4 紫菜包饭

紫菜包饭是一道十分常见的韩式料理，与日本料理中的寿司十分相似。常见的做法是用紫菜将煮熟的米饭与蔬菜、肉类等包卷起来即可，吃起来非常美味。

029

5 韩国拌饭 美食

韩国拌饭是宫廷菜之一，主要食材有菠菜、芹菜、小南瓜、黄瓜、银杏等。正宗的韩国拌饭不仅看上去五彩斑斓，吃起来更是美味十足。

8 韩国铁板豆腐 美食

韩国铁板豆腐吃起来好吃，但是做起来比较复杂，主要食材有豆腐、盐、植物油、麻辣鲜、白胡椒粉、孜然粉、白芝麻、香葱、辣椒等。做好的铁板豆腐味道香嫩，十分受大众喜爱。

6 韩国年糕 美食

韩国年糕，也被称为"米糕"，在韩国传统饮食中可称得上是节日食品的"台柱子"。据说年糕里含有诚心、爱心和孝心的含义，因此节日送礼不能缺了年糕，如孩子的第一个生日、婚礼、六十大寿、送娘家礼等。

9 韩国辣炒章鱼 美食

韩国辣炒章鱼需要的食材有小章鱼、葱姜蒜、韩国辣酱、麻油、食用油、基本调味料、白芝麻等。大火快速翻炒2分钟后，下韩国辣酱、蒜瓣翻炒，还没出锅，就已经香气扑鼻了。

7 韩国泡菜炒意面 美食

韩国泡菜炒意面做法很简单，首先将弯管通心面煮到八分熟后，捞出，并冲凉，用橄榄油拌上待用；然后，将韩国泡菜切丝；热锅入油，放入韩国泡菜煸炒至香味出来，最后倒入意面拌炒即可。

10 韩国辣酱烤五花肉 美食

韩国辣酱烤五花肉做法是将五花肉切薄片，切好的肉片放入一个容器，加入两种韩国辣椒酱抓拌均匀，然后腌制；再将肉片放入热油锅，而后不断加入辣白菜翻炒即可，可以用生菜叶或紫苏叶卷着吃，更加美味。

美食!韩国10大人气魅力平民餐馆!

餐馆 1 全州中央会馆

石锅拌饭是韩国一道世界闻名的料理,位于明洞的全州中央会馆已有50余年历史,号称韩国最好吃的石锅拌饭。除了石锅拌饭外,这里的海鲜饼和各种韩国小菜也不可错过,非常美味可口。

餐馆 3 明洞名所烤肉

明洞名所烤肉由日本人气女演员佐藤蓝子代言,是一家装饰高雅华丽,主打高档烤肉的餐厅,不仅在韩国国内人气很高,在日本也有相当多的FANS,甚至香取慎吾、中岛美嘉等知名艺人也会慕名而来。

餐馆 2 百济参鸡汤

参鸡汤是韩国传统料理中最具营养的一道菜,开业已有40余年历史的百济参鸡汤一直没有更换过厨师长,号称味道始终如一,吸引了很多回头客,逛街购物之余,不妨来这里品尝一下最佳滋补品的参鸡汤。

餐馆 4 N.Grill旋转餐厅

N.Grill旋转餐厅位于高368米的首尔塔展望台最高层,在这里用餐可以品尝酱汤、泡菜、海鲜等传统韩国美食,还可隔窗鸟瞰首尔的城市风光。

畅游韩国 推荐

5 餐馆 田舍之食卓

田舍之食卓开业已有20余年，店内的前菜超过30道，用山菜、渍物、泡菜、肉类、海产品等做成，可品尝新鲜、健康的正宗韩国乡土料理。

8 餐馆 兄弟烤肉

兄弟烤肉已有40余年历史，5层楼的营业面积最多可容纳500位客人同时就餐，这里的烤肉味美价廉，经常有日本和中国游客慕名而来，是品尝韩国烤肉的一个好选择。

6 餐馆 青纱草笼

青纱草笼专营高级传统韩定食，餐厅装修古色古香，充满古朝鲜风情，在品尝美食之余，还可以欣赏餐厅内表演的扇子舞、长鼓舞等韩国传统歌舞。

9 餐馆 龙水山

龙水山开业至今已有30余年，是韩国最负盛名的宫廷料理餐厅之一。龙水山的料理口感清爽淡雅，可以品尝各种新鲜食材制作的韩定食套餐。

7 餐馆 大长今餐厅

《大长今》风靡亚洲后开业的大长今餐厅装修古色古香，餐厅最主要的客人就是《大长今》的FANS，慕名而来的食客可以在熟悉的韩剧场景内听着耳熟能详的《大长今》配乐，品尝剧中出现的精致料理。

10 餐馆 朴大监烧肉店

朴大监烧肉店24小时营业，是韩国顶级的韩牛烤肉专营店，这家餐厅选用的牛肉全部来自韩国全罗北道，肉质鲜嫩，价格也很贵，是韩国上流社会和演艺明星最喜欢的烤肉餐厅。

带回家！特色伴手好礼！

1 纪念品 韩服

韩服设计简单、颜色艳丽，这些兼具曲线和直线美的韩服是韩国的传统服装，同时也深受游客欢迎。

3 纪念品 韩式器皿

韩式器皿品类繁多，有青瓷、白瓷、粉青砂器，以及漆器、木器、玻璃器皿等不同种类，做工精美，是馈赠亲朋的绝佳选择。

2 纪念品 高丽人参

在中国古代医书中记载有"人参之极品产于韩国"，人参，自古就是价格贵重的名贵药材，这里的人参共分水参、干参、红参三种，除整棵人参外，游客也可选择购买参精、参粉制品。

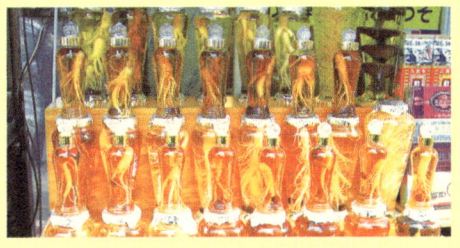

4 纪念品 化妆品

世界闻名的韩国化妆品不仅价格便宜，而且由于众多韩国演艺明星的代言，从而在亚洲各国拥有超高人气，是哈韩族和爱美女士在韩国观光之余必买手信之一。

畅游韩国 推荐

5 韩国印章 　纪念品

用木材或石料雕刻的印章是韩国最受欢迎的礼物，可选择用韩文雕刻自己的名字，以作为在韩国观光的纪念。

8 真露烧酒 　纪念品

韩国人最喜爱的酒类饮品就是烧酒，在韩国街头随处可以买到各种包装的真露烧酒——除了玻璃瓶外，还有用锡纸包装、外观好似软包装饮料的真露烧酒。

6 鱼露 　纪念品

鱼露又被称为白酱油，是典型的泰国南部调味料，其做法是将鱼腌渍后萃取而成，其独特的味道喜欢的人以为带有鱼的鲜香，而不喜欢的人闻起来则是鱼腥味。

9 韩国传统手工艺品 　纪念品

历史悠久的韩国有众多种类丰富的传统手工艺品，在韩国各地的民俗商场内可以买到身穿华丽韩服的玩偶、折扇、假面具、刺绣、木雕木刻、风筝、螺钿漆器制品等精美的传统手工艺品。

7 韩国辣酱 　纪念品

韩国料理中最常见的调味料之一就是韩国辣酱，在以辣为主的韩国料理中，辣酱不仅可以用来烹饪冷面等食物，还可以直接涂抹在烤肉上。

10 韩果子 　纪念品

韩果子是韩国著名的小吃之一，在韩国各地都可以看到经营韩果子的柜台，包装精美的韩果子味美可口，适合馈赠亲朋。

热地！首尔年度最佳购物地！

1 乐天百货明洞店

乐天百货是韩国首屈一指的零售企业，位列韩国十大企业，分店开到了世界各国。作为首尔商业核心的明洞，自然也有乐天百货的身影。乐天百货明洞店位于一座高十余层的大楼内，和Lotte Young Plaza、新世界百货并列为明洞三大最受欢迎的百货商场。

2 斗山塔

地处东大门的斗山塔以经营服装、食品为主，是韩国知名的综合型购物中心之一。斗山塔内汇集了超过600家商户，经营男装、女装、童装、饰品、鞋、结婚用品、日用杂货等商品。

3 Migliore

Migliore位于东大门地区，商场内有超过2000家商铺，一直处于首尔潮流的最前线，深受追求时尚和新潮的十几岁年轻人喜爱。

4 CERESTAR

业于2008年的CERESTAR高12层，是东大门规模最大的购物中心之一。在CERESTAR内汇集了众多世界知名品牌，购物之余还可以在这里的汗蒸幕浴室放松休闲。

5 热地 新罗免税店

新罗免税店隶属于三星集团，专门经营路易·威登、普拉达、迪奥、欧米茄、香奈儿、爱马仕、古奇、雅诗兰黛等欧洲各著名奢侈品牌商品，是喜欢世界名牌奢侈品的游客不可错过的一处购物圣地。

6 热地 Hello apM

毗邻斗山塔和Migliore的Hello apM是东大门地区最著名的购物商场之一，24小时不打烊的Hello apM以日式风格为主，深受哈日族的喜爱。

7 热地 the Galleria

地处狎鸥亭最繁华的Rodeo Rode上的the Galleria是韩国第一家知名品牌专营店，建筑外观由玻璃幕墙组成，在阳光下熠熠生辉，已经成为狎鸥亭地区的地标建筑。在the Galleria内汇集了世界各地的知名品牌，是引领韩国流行趋势的时尚中心。

8 热地 自由市场

位于公园内的自由市场每个周末中午都会聚集数十个艺术家在这里摆摊售卖自己创作的商品，不论服装、饰品还是笔记绘本、书签、吊坠等，都是独一无二的原创手工艺品，充满时尚元素。

9 热地 梨大前购物街

梨大前购物街因为毗邻梨花女子大学，因而沿街汇集了大量18～23岁年轻女性喜欢的精品店、小吃店、服装店等，是一条在首尔家喻户晓的购物街。除了购物外，在街上还有众多美容院，可了解韩国最新的流行趋势。

10 热地 南大门市场

于1964年开业的南大门市场是韩国最大的综合性集贸市场之一，市场内汇集了韩国各地的零售商家，以低廉的价格出售各种人们日常生活的必需用品，以及款式多样的男女服饰。

热地！首尔世界大牌淘货地！

1 大牌 GUCCI

新罗免税店、明洞乐天免税店和新世界有GUCCI专柜。

2 大牌 HERMES

新罗免税店设有HERMES专柜。

3 大牌 CARTIER

CARTIER在首尔清潭开有继巴黎、伦敦和纽约之后的全球第四家专卖店——卡地亚美颂。

畅游韩国 推荐

4 PRADA

新罗免税店、Rodeo Rode名店街的the Galleria设有PRADA专柜。

5 ARMANI

Rodeo Rode名店街的the Galleria设有ARMANI专柜。

6 DIOR

新罗免税店设有DIOR专柜。

7 FENDI 大牌

新罗免税店、明洞乐天免税店和新世界设有FENDI专柜。

8 TIFFANY 大牌

首尔乐天百货和现代百货设有TIFFANY专柜。

9 LV 大牌

新罗免税店、明洞乐天免税店和新世界、Rodeo Rode名店街的the Galleria设有LV专柜。

10 CHANEL 大牌

新罗免税店设有CHANEL专柜。

超IN! 韩国7天6夜游!

☀ DAY 1

景福宫 + 昌德宫 + 宗庙

景福宫是目前首尔五大宫中规模最大、最华美的一座,样式仿造中国的皇宫布局,有勤政殿、思政殿、康宁殿、交泰殿、慈庆殿、庆会楼、香远亭等建筑,由于这些建筑建造时注重将建筑风格融入山水景色之中,所以山水与古建筑相互辉映,形成一幅人文自然风光画卷。

昌德宫为朝鲜朝的王宫,始建时为离宫,因壬辰倭乱时正宫景福宫被烧毁,昌德宫就被用作正宫。昌德宫自1405年建造以来,多次因战争和火灾被烧毁,但经重建后其布局和结构与始建时非常接近,而且其布局独具特色,1997年12月联合国教科文组织将其列入世界文化遗产。

首尔宗庙是现今最古老的儒家王室宗庙之一,用来祭祀从1392年李成桂开国以来历代朝鲜大王。宗庙内有包括正殿和永宁殿等建筑,曾经数次被焚毁而又数次重建。建筑的布局完全按照仪式典礼的空间秩序排列,因此拥有独特的空间造型和规格。

☀ DAY 2
德寿宫 + 三清洞 + 南山公园

德寿宫原来是朝鲜时代成宗的哥哥月山大君的私邸，后来作为临时住处称为西宫。接着光海君时称为庆云宫，后来高宗把居处从俄罗斯公馆移到此地后，作为正式宫殿使用。纯宗继位后，移至昌德宫时，为表达高宗的长寿，把宫名称作德寿宫。现存于德寿宫的，除了正殿的中和殿以外，还有韩国最早的西洋式建筑——石造殿，正统木材建筑和西洋式建筑物，从此可看出当时文化的繁荣景象。

来韩国，怎能不去三清洞逛一逛。三清洞西邻韩国古代皇宫景福宫，东临昌德宫，南邻韩国著名的古董时尚街仁寺洞，北面是韩国总统的府邸青瓦台，这里遍布着许多大大小小的民俗博物馆、时尚商店、咖啡店、餐馆、民俗旅店。非常值得到此一游。

南山公园位于首尔市中心，是首尔市内最大的公园。自古以来这里是首尔的城防中心，至今还能在山上看到遍布青苔的烽火台以及各种古代的城防工事。南山上自然风景也不错，树木葱茏，如果从山顶往下望，漫山遍野的松林郁郁葱葱，阵风吹过，好像翻起一波波海浪一般，令人心旷神怡，赏心悦目。

☽ NIGHT 2
首尔塔

首尔塔位于首尔市中心的南山山巅，全高236.7米，1980年开始对游人开放。这座高塔最独特之处就在于它的夜景，光彩夺目，非常耀眼。此外，首尔塔还为少年儿童准备了儿童体验学习馆，是小朋友们游玩娱乐的好地方。

☀ DAY 3
COEX Mall + 乐天世界

COEX Mall是位于首尔的大型娱乐购物中心，这里经营面积达12万平方米，汇集了各种购物场所，还有电影院、夜总会、书店、音像店、大型水族馆等。置身其间可以尽情地体验购物和娱乐的乐趣。

乐天世界是被《吉尼斯世界纪录》所记载的世界上最大的室内主题公园。这里集娱乐、参观、休闲于一体，有惊险刺激的游艺设施，有让人尽情欢乐的溜冰场等体育设施，有反映韩国各种传统风俗的民俗博物馆，还有各种大型购物商场，堪称是一座城中之城。

畅游韩国 推荐

 DAY 4

普信阁 + 战争纪念馆 + 梨花女子大学 + 汉江市民公园

普信阁建于李氏王朝时期，是一座历史悠久的钟楼建筑，也是首尔的地标式建筑，虽然历经风霜的洗礼和战火的侵袭和多次毁坏重建，但是外貌并没有多大改变，现在的主建筑则是韩国人民在朝鲜战争后募捐重新修筑的。主体建筑古朴大方，四周的环境清幽，更衬托出其深厚的历史内涵。

以战争为主题的战争纪念馆开放于1994年，是韩国唯一一处综合战争史博物馆。博物馆内设有护国追悼室、战争历史室、韩国战争室、海外派兵室、军队发展室、大型装备室和露天展览场等主题区域，在这里参观可以了解朝鲜半岛历史上的各场战争。

建于1887年的梨花女子大学是首尔历史最悠久的大学之一，也是现今世界上最大的女子大学。这所大学在世界范围内都名闻遐迩，不光是因为这里历史悠久，而且因为其教学和研究上都取得了丰硕的成果。另外，这所现代化的大学里至今还保留着不少古代建筑，古色古香，很有历史文化气息。

汉江市民公园位于首尔的母亲河汉江之滨，公园包含了几乎整个汉江两岸，面积达到210多万平方米。共分成广津渡口、蚕室、堤岛、蚕院、盘浦、二村、汝矣岛、杨花、望远、仙游岛、兰芝及江西地区等12个地区。每个区域景色各不相同，可以乘坐游船往来其间，欣赏两岸美景。

MBC大长今村 + 爱宝乐园 + 水原华城

　　MBC电视台为拍摄《大长今》而搭建的MBC大长今村是首尔一处新兴的旅游胜地。这个外景基地气势庞大，不但复原了古代朝鲜李氏王朝的昌德宫，而且剧中的许多重要场景地也都在这里，其中包括有长今工作的御膳房、经常出入的厨房、推动剧情发展的狱舍和国王上朝的大殿，以及后宫里的太妃殿等。游客在此可以一边欣赏这里的景点，一边想象着剧中的场景。另外，人们在此，还能购买到各种与《大长今》电视剧有关的纪念品。

　　爱宝乐园是韩国著名的主题乐园，这里设施完善，景色优美，是一个集旅游、休闲、娱乐、购物于一体的综合性景区。爱宝乐园内可供游玩的项目众多，既有传统的摩天轮、海盗船等项目，也有充满刺激的过山车与卡丁车，当然也有独特的飞龙列车和哥伦布大探险等项目。当您走进乐园，就像是到了一个奇妙的世界，让人兴奋不已，流连忘返。

　　水原华城是朝鲜李氏王朝第22代国王正祖大王为了纪念自己的父亲庄献世子而修建的，是一座拱卫首都的军事要塞。这座城池的结构完整，气势雄伟，不但被韩国政府定为古迹景点，也在1997年被联合国教科文组织认定为世界文化遗产。

畅游韩国 推荐

☀ DAY 6

龙头山公园＋南浦洞＋海云台＋佛国寺

龙头山公园位于釜山最繁华的街区，由于山形像一条从大海升起的龙头而得名，园内人文景观有釜山塔、八角亭、华表，以及抗日救国英雄李舜臣将军的铜像等；自然风景也很丰富，尤其到了傍晚，夕阳西下，美丽的夕阳与海上的渔民交织成如画的夜景，具有非常浪漫的情调。

提到南浦洞，人们最先想到的就是在这里举行的著名的"釜山国际电影节"，每年秋天，世界范围内的著名电影人汇聚一堂，群星闪耀，吸引着世界各地的电影迷和FANS的到来。南浦洞的街边还有很多大型的品牌专卖店、促销过季商品及国际品牌制品的名牌特价购物中心等，在此逛街购物也不错。

海云台是韩国最有名的海水浴场，拥有蜿蜒曲折、洁白细腻的沙滩，风景秀丽，是韩国八景之一。海云台的温泉也十分有名，水温保持在45℃到50℃的范围内，含有很多种微量元素，对皮肤病、妇女病、肠胃病等都有特殊疗效。

佛国寺是韩国最大的寺院，始建于公元535年，经过了多次的修复和重建，才成为现在人们所看到的模样。如今只有建筑物的石造部分仍保持着原来的样子，包括紫霞门、安养门的两座石桥，虽经历了千百年的历史，仍能显示出当时精湛的石造技术。佛国寺被誉为韩国最精美的佛寺，直到今天，香火都十分旺盛，同时也被列为世界文化遗产。

济州岛

　　济州岛是一座典型的火山岛,也是韩国最大的岛屿,素有"韩国夏威夷"之称。该岛是由火山喷发而形成,地貌十分奇特,处处岩浆凝石。加上四面环海,沿海的奇岩和瀑布、白沙场以及小岛等,都显示着海滨的天然美景。这个岛一直以"三多三无三丽"而闻名。"三多"指石多、风多、女人多,因此济州也被称为三多岛。

　　来到济州岛有几大景观不容错过,首屈一指的就是巍然耸立于济州岛中部的汉拿山,其海拔1950米,是济州岛的象征,汉拿山四季各有特色,随着季节的变化而变化,在山顶可一眼望尽西归浦海岸的美丽风光。龙头岩是济州岛的第二大景观,位于济州市北部海边,是200万前年熔岩喷发后冷却而形成的岩石,高10米,长30米,由于岩石一端颇似龙头,故得名龙头岩。

　　济州岛还有一个会给人留下深刻印象的景点,那就是爱之岛主题公园,公园按照不同的主题布置了82件表现人类性行为和情爱的雕塑作品,如求婚、欲望、恋人、贵妇等。尽管每一个雕塑作品都表现得非常大胆和淋漓尽致,但游客们看到雕塑的第一反应多是赞叹和欣赏,因为这是艺术结晶。

　　城邑民俗村也值得一观,这里至今仍保留着民居、乡校、古代官公署、石神像、碾子、城址、碑石等有形文化遗产及民歌、民俗游戏、乡土食品、民间工艺、济州方言等无形文化遗产。在这里散步时,就会让人感觉仿佛时间在倒流。这里还可以接触到韩国独特的土种文化,十分受外国人的青睐。此外,济州岛还有小人国主题乐园、泰迪熊博物馆、海女博物馆、城山日出峰等人文景观和自然风光。

 傍晚踏上归途

KOREA GUIDE

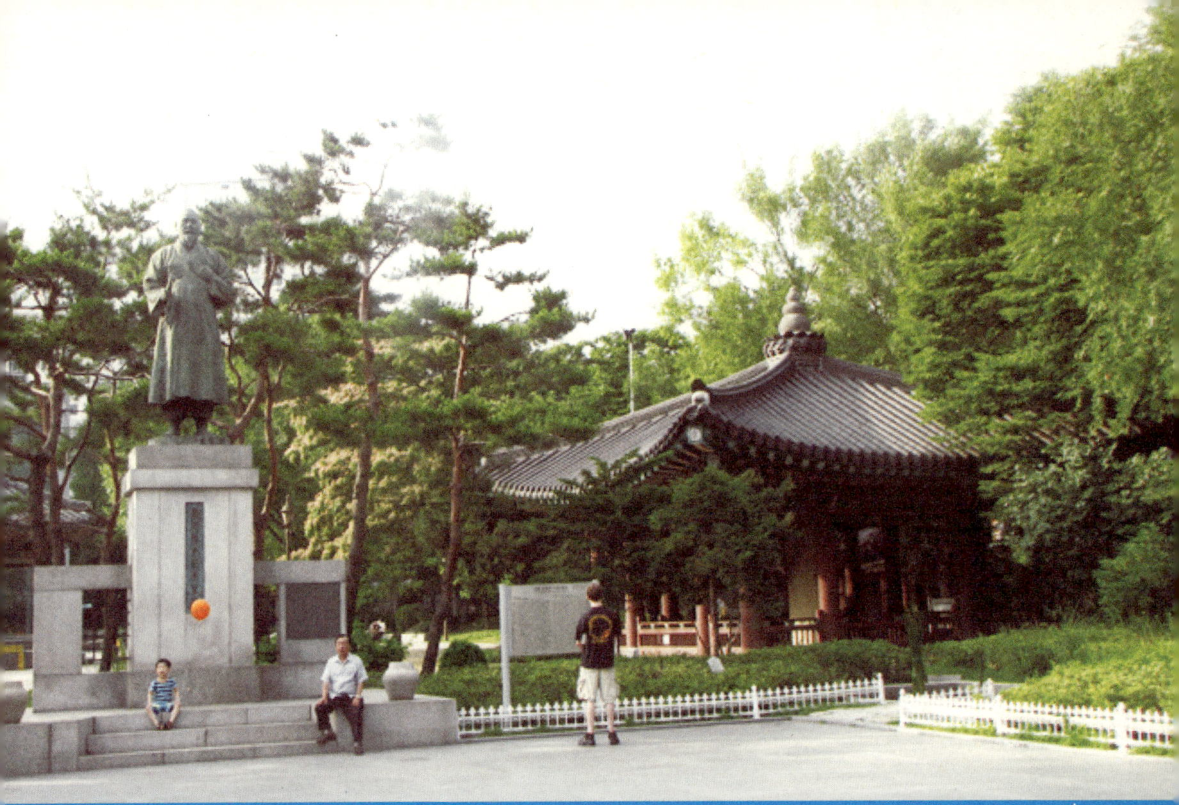

Korea

畅游韩国 1

首尔

首尔位于朝鲜半岛中部，是一座现代与古老兼并的城市，环境非常优越，干净、洁净是首尔给人留下的第一印象。首尔还是世界最高度数字化的城市，一系列数字化信息科技在首尔这座城市里闪烁着光芒，显现出一派现代化的景象。

打开首尔！

❶ 印象

作为韩国的首都，历史悠久的首尔既是古朝鲜王朝的都城所在，同时也是韩国政治、经济、文化教育中心，也是全国海、陆、空交通枢纽。作为全世界最繁华的现代化大都市之一，首尔市中心高楼大厦鳞次栉比，蜿蜒流淌的汉江穿城而过，充满活力的首尔无处不呈现出令人心动的景象，给游人带来新奇的感受。在这座现代化的大都市中既有富丽堂皇、带有历史气息的旧时王宫，也有鳞次栉比的高楼大厦和繁华步行街，朝气蓬勃的人群、繁华喧嚣的都市、迷人的自然风光和美味的韩国料理……如一曲醉人的诗篇，令来自世界各地的游客沉醉其间，终生难忘。

❷ 地理

位于汉江下游的首尔四周围绕着海拔500米左右的丘陵地带，距离朝鲜半岛西海岸只有30公里，市区面积约为605.33平方公里。

❸ 气候

首尔属温带季风气候，一年四季气候分明，其中春季和秋季雨水少、温和舒适，夏季经常连续高温多雨，冬季气温则比同纬度城市略低，年平均气温为11.8℃。

❹ 首尔节日

燃灯节

时间：5月6日

燃灯节在首尔市中心钟路一带举行，节日期间会有连续数天的狂欢庆祝，在庆典最后一天傍晚还会有提灯游行的莲灯巡游，从手提的莲花灯、龙灯，到架在车上的佛灯、大象灯等各式各样的彩灯应有尽有，颇为热闹。

端午民俗庆典

时间：5月

端午民俗庆典在首尔南山谷韩屋村举行，游人在这里可以体验菖蒲水洗头、染桃红指甲、品尝车糕等端午民俗，此外还可观看摔跤、荡秋千、传统清唱、凤山见面舞、康翎假面舞等传统民俗表演。

镇海军港樱花节

时间：4月

镇海军港樱花节在首尔樱花大道汝矣岛一带举行，自1963年首次举办至今已有半个世纪的历史，是韩国最

之间进行的御歌队列以及宗庙祭礼、宗庙祭礼乐更是名列世界无形文化遗产名录。

仁寺洞传统文化节

时间：4月底、5月初

仁寺洞传统文化节在仁寺洞一带举行，文化节期间游客可以欣赏到传统婚礼仪式表演、捕盗大将巡游、伽倻琴弹唱、农乐表演、太平舞、教坊舞、民谣演唱等节目，感受浓郁的传统气息。

有代表性的樱花节。节日期间，游客除了欣赏樱花外，还可参加各种丰富多彩的文化、艺术和体育活动。

宗庙大祭

时间：5月第一个周日

宗庙大祭在首尔薰井洞宗庙举行，游人可以观看祭祀历代君王和王妃的宗庙祭礼仪式，而在宗庙和景福宫

5 首尔交通

航空

首尔拥有两座机场，其中位于仁川市西侧永宗岛的仁川国际机场是亚洲最繁忙的机场之一，同时也是韩国规模最大的民用机场。作为大韩航空及韩亚航空的主要枢纽，每天都有飞往全世界各主要城市的航班在这里起飞。中国游客可以从北京、上海、深圳、重庆、沈阳等国内城市直飞首尔，飞行时间为2～4.5小时不等，非常

便利。位于首尔特别市南岸极西的江西区的金浦国际机场曾经是国际机场，自从仁川机场投入使用后，则转而成为以韩国国内航线为主的机场。

游客从仁川机场可直接乘坐大型公交车前往首尔市内各区，一般公交车票价为9000韩元，高级公交车为1.4万韩元。

铁路

首尔拥有首尔站、龙山站、清凉里站和永登浦站等多座火车站。其中首尔站和龙山站是最重要的两座火车站，从首尔站和龙山站可以乘坐火车前往韩国全国各主要城市，往返釜山和光州的高速铁路KTX也在这两站停靠。清凉里站是连接清凉里站和庆州市庆州站的中央线的始发站，所以前往庆尚南道和江原道的火车一般从这里出发。此外，前往江原道春川的京春线列车及岭东太白线的部分列车也从清凉里火车站出发，并有火车通往江原道、江陵市、庆尚北道的安东市等著名旅游城市，非常适合游客。永登浦站发出的列车主要开往平泽、顺天、丽水等地。

长途客运

首尔共拥有5座长途车站，分别是高速汽车客运站、Central City客运站、东首尔客运站、南部客运站和上凤客运站。其中高速汽车客运站运营首尔和釜山之间的京釜线、通向朝鲜半岛东部的东海线汽车。由首尔开往釜山、温阳、公州、庆州、扶余等主要观光区的高速公交车，发车间隔10分钟～1小时。Central City客运站运营开往全罗道的湖南线班车。

出租车

首尔的出租车按颜色分为黑色的模范出租车和白色的一般出租车，此外还有一种可以同时乘坐7人的大型出租车，可供多人一同出游。一般出租车起步价为2公里1900韩元，超过2公里后每144米或每35秒加收100韩元，大型出租车和模范出租车则是起步价3公里4500韩元，超过3公里后每164米或每39秒加收200韩元。

公交车

首尔公交车分为连接市中心和郊区的干线；在局部地区循环运营，并可与干线相连的支线；首都周围主要卫星城市和市中心、次市中心相连的广域；主要经过商务中心区，在市中心内的循环线。各种线路以不同颜色区分。在首尔，公交车根据不同距离，可与地铁合并计价，即乘客不论换乘地铁和公交车多少次，只要总里程在10公里以内就收取1000韩元车费，如果超过10公里则每5公里加收100韩元，非常方便。

地铁

首尔地铁是世界前五大载客量的地铁系统，每天平均有700万人次搭乘地铁前往首尔各地，全长约250公里的首尔地铁不仅以首尔市区为核心的首都圈内运营，同时也和仁川的铁路系统相连，形成如蜘蛛网一般的轨道交通网。首尔地铁各条线路为清晨5:30发车，末班车23:30发出，市郊的末班车在22:30发车，凌晨1:00所有线路都会结束运营。首尔地铁分为单程票与T-Money、SEOUL CITYPASS PLUS两种可享受100韩元优惠的交通卡。地铁票价按乘车距离收费，基本距离10公里内收费1000韩元，10～40公里之间每增加5公里加收100韩元，40公里以上每10公里加收100韩元。此外，乘客

使用交通卡可享受100韩元的优惠。

❻ 首尔美食

首尔作为首都已有500余年历史，其饮食充满了厚重古朴的历史风韵，至今还保留着旧时的饮食风格。首尔的饮食味道适中，由于源自宫廷饮食，故比较讲究排场，也更重视用餐的礼仪，虽然量少但种类繁多，强调菜式美观大方。游客在首尔不仅可以品尝烤肉、冷面、石锅拌饭、辣炒年糕、泡菜和宫廷定食等韩国传统美食，同时在这座国际化大都会还可以品尝众多制作精致、口味纯正的异国料理。

❼ 首尔购物

首尔商业发达，长约1公里的明洞繁华热闹，高档百货公司、大型免税商场、商店、餐馆和棋盘迷宫一般纵横交错的街巷吸引了来自世界各地的观光客和哈韩族来这里购物，是一条引领整个韩国最新流行趋势的繁华商业街。在仁寺洞、南大门等观光区则随处可以看到经营各种传统韩国商品的店铺，如色彩艳丽的锦绣背包、韩国太极扇等，都充满了浓郁的韩国风情。

❽ 首尔娱乐

作为繁华的现代大都会之一，首尔的夜生活丰富而热闹，大多数的饭店内均设有夜总会和酒吧，而华克山庄、国宝、海牙特等豪华酒店内还附设专对外国游客开放的赌场，在此可以体验宛如在拉斯维加斯一掷千金豪赌带来的紧张与刺激。此外，前往首尔的滑雪场滑雪，或是享受一番温泉，在高尔夫球场挥杆打球，以及前往以乐天世界为代表的大型游乐场玩乐一番，也都是观光客不可错过的娱乐好选择。

01 景福宫
朝鲜在首尔地区建都后的第一座王宫

赏

TIPS
 首尔市钟路区世宗路1-1 02-732-1931 3000韩元
乘地铁至景福宫站下 ★★★★★

历史悠久的景福宫是朝鲜李氏王朝的正宫，它是朝鲜传统建筑的代表之作，见证了半岛上的风风雨雨，它由王朝的开创者李成桂于14世纪末所建，是朝鲜的五大王宫之首。这座气势恢弘的宫殿式建筑群在16世纪末遭到日本侵略者的焚毁，直到19世纪中后期才修葺完毕，但这里在朝鲜沦为日本殖民地后又遭浩劫，直到韩国独立50周年之际才得以恢复原貌，多次的毁坏与重修让这里宛如一只浴火重生的凤凰般屹立在首尔北部。景福宫气势宏伟，规划严整，极为壮观，一座座亭台楼阁巍峨耸立，雕梁画栋，极为精美，其前半部建筑庄严、壮丽，与明朗开阔的庭院一起象征着王室的至高无上；后半部内廷则富有生活气息，建筑多是自成院落，有花园、假山、馆榭、山石等景观。

02 庆会楼
建筑精巧的宴会厅

赏

TIPS
首尔市钟路区世宗路1-1 02-6242-3100 5000韩元
乘地铁至景福宫站下 ★★★★

古朴典雅的庆会楼是景福宫内最具特色的楼阁，它是朝鲜李朝王室举行各种节庆宴会与招待外国使节的地方，独特的船上宴会更让此楼扬名海外。这座华美的建筑坐落在巨大的水池之中，高大的楼阁宛如修建在水中，远远望去显得异常壮丽，近观则如一幅轻描淡写的山水画，集天地间的秀丽于一身。庆会楼分为上下两层，外侧全是一根根庄严大方的方形石柱，深得东方建筑艺术的精髓。这座楼阁的上屋阶梯位于房屋的两侧，这种巧妙的设计为一楼厅堂节省了更多的空间，是古代朝鲜能工巧匠汗水与智慧的结晶。走入室内可以看到华美典雅的圆形石柱，它们与屋外的方形石柱一一对应，每根都代表着一年的二十四节气中的一个。人字形的屋顶巍峨耸立，四角上各有一座神像，栩栩如生。每当夕阳西下之时，游客们感受着微风的轻抚，无意间便将这如诗如画的美景铭记心中。青色的琉璃瓦与红色的山墙将这里渲染得美轮美奂。

03 国立民俗博物馆 赏
领略韩国的风俗与文化

TIPS
🏠 首尔市钟路区世宗路1-56 ☎02-3704-3114 💰3000韩元
🚇乘地铁至景福宫站下 ⭐⭐⭐⭐⭐

　　国立民俗博物馆是韩国诸多博物馆中最具朝鲜民族传统风情的地方，来到这里能够体验丰富多彩的民间文化，还能观看到精彩非凡的韩国国乐、古典舞蹈、古典武术，以及假面舞表演。这个博物馆是韩国最大的民俗博物馆，收藏了从古至今的各种生活用品，除了史前时代朝鲜族先民所使用的各种石制、木制及其他生活用具外，博物馆内还精确地再现了青铜时代和高句丽、新罗、百济三国并立时代的民间生活方式，高丽时代印刷技术的发展及朝鲜时代创造朝鲜文字的有关资料也是这里的重要展览。

　　国立民俗博物馆内展示着从史前时期开始朝鲜半岛上的建筑、服饰、农耕、信仰等生活方式方面的文物，并利用现代化的声光影音手段展示它们的演变过程，目标是通过融合文化与技术、教育与娱乐、世界与区域文化、自然与博物馆的基本功能，进而成为与世界接轨的、具有创造性的文化空间，向各国人民介绍自己的独特文化。

04 景福宫石墙路 逛
充满休闲氛围的散步道

TIPS
🏠 首尔市钟路区世宗路景福宫外 🚇乘地铁至景福宫站下
⭐⭐⭐⭐⭐

　　景福宫石墙路又名青瓦台小路，是连接景福宫与青瓦台这两大旅游景点的地方。这条历史悠久的小路迄今已经无法考证其来龙去脉了——它既是古代朝鲜王宫与当代韩国总统府的曲折小道，也象征着这个古老民族所经历的风风雨雨。漫步于此，会有鲜明的时空交错之感，左侧古色古香的景福宫诸殿具有鲜明的朝鲜传统建筑特色，右侧则有以锦湖等著名美术馆为代表的诸多高楼大厦——古老与现代的不同风格的建筑物在这里得到了完美的融合。景福宫石墙路又像是一条城市中的秘密花园，在这里可以体会到热闹喧嚣的都市中难得的清静悠闲，这条道路还充满着浪漫温馨的氛围，尤其是秋天，色彩绚丽的落叶在空中翩翩起舞，仿佛为这里一对对牵手而行的情侣们送上最真诚的祝福。

畅游韩国 ┊ 首尔

05 土俗村参鸡汤

韩国总统也会光顾的餐馆

毗邻景福宫的土俗村参鸡汤是一家在首尔颇为知名、以烹饪传统美食参鸡汤为特色的餐厅,据说韩国前总统卢武铉与众多财政界的要人都是这家餐馆的常客,并且在大快朵颐之余或是为餐馆题字,或是推荐给别人。传统的韩国参鸡汤是采用只有1个月大小的童子鸡,去除内脏后塞入糯米和人参等食材下锅炖煮而成,土俗村的厨师在烹饪参鸡汤时相比一般餐馆更加注重火候的拿捏,因而经长时间熬煮后的鸡肉和鸡骨完全炖烂入味,甫一揭开锅盖就可闻到扑鼻而至的浓郁香气,令人不由食指大动,是在景福宫观光之余的游人不可错过的一道韩式美食。

TIPS
🏠 首尔市钟路区体府路85-1　☎02-737-7444　🚇乘地铁至景福宫站下　★★★★

06 首尔第二红豆粥

充满怀旧氛围的粥店

TIPS
🏠 首尔市钟路区三清洞28-21　☎02-734-5302　🚇乘地铁至景福宫站下　★★★★

开业于1976年的首尔第二红豆粥迄今已有近40年的历史,是一家充满历史的老字号粥店,店内的装饰布置也是如同20世纪70年代的茶屋一般的复古风格,散发着浓郁的怀旧氛围。虽然名为首尔第二红豆粥,但店内的粥却堪称首尔最美味的,餐馆摆设着种类繁多的传统药材,据说餐馆的老板曾经是制作韩方药茶的,餐馆最初也是一家茶馆,之后才逐渐添加当时年轻人喜爱的红豆粥,并渐渐发展成为一家以红豆粥为招牌的粥店,明白这点后,才能明白这家粥馆内的装饰是20世纪70年代的茶屋风格的缘由。首尔第二红豆粥内的红豆粥不仅熬煮得软烂,粥中还加入了年糕片和银杏果,在品尝红豆粥之余,不仅补充了足够的营养,还可以填饱肚子,难怪如此受到年轻人的欢迎。

07 青瓦台
韩国总统官邸所在地 赏

历史悠久的青瓦台本是朝鲜李氏王朝的别宫之一,现在则是青瓦台总统官邸。它修建于15世纪初,既有供王室休息的隆武堂、庆农斋和练武场等一些建筑物,也有一块国王的亲耕地,那是朝鲜国王举行亲耕仪式的地方,用于表达统治者"以农为本"的传统治国理念。作为当代韩国政治中心的青瓦台是以其主建筑上的青瓦而得名的,它们镶嵌在古老的朝鲜式建筑屋顶,秀丽异常,青瓦与独特的曲线形的房顶相映成趣,也是整个青瓦台最引人注目的地方,20世纪90年代建成的主楼是当今韩国的核心命脉,总统办公室与商议国家大事的议事厅、接见室都在这里。拥有18根简洁而又华美的石柱的迎宾馆是诸多附属建筑物中最具气势的一个,它位于主楼的左侧,是现在的韩国总统会见外国来宾的地方,也是举行国宴与各种欢迎仪式之处;位于主楼右侧的春秋馆是总统府发布新闻与举行记者招待会的地方。极具古朝鲜风格的常春斋是进行国际会议以及接见各国首脑的地方,造型新颖的秘书室是工作人员办公的地方,而总统官邸则是一国元首的居住地。

> **TIPS**
> 首尔市钟路区世宗路1号　02-730-5800　乘地铁至景福宫站下　★★★★

青瓦台的庭院被称为绿地苑,那里遍布青翠的野草,每当微风徐来,这片都市中难得的净土就会展现出令人沉醉的清纯魅力。这组华美的建筑群位于林木葱茏的北岳山山脚,各式建筑都与自然风景相依相伴,将大自然的无穷魅力与现代楼宇千奇百变完美地融合在一起,成为首尔的一道亮丽的风景线。

08 三清阁
文化气息浓郁的艺术空间

赏

TIPS
首尔市城北区城北2洞　02-765-3700　乘地铁至景福宫站下
★★★★

位于城北2洞的三清阁由6幢传统韩式建筑组成，20世纪七八十年代这里曾是韩国政府高级官员举行各种重要的会议和晚宴的会所。2000年，首尔市政府将三清阁所在地指定为文化设施，这里从而成为了一处对公众开放的传统文化表演场所。

林木葱茏、氛围幽静的三清阁内附设的剧场和演艺厅在一年四季都有各种精彩的表演，身着民族服装的服务员也是这里一道独特的风景线。这里的主楼被称为一和堂，是三清阁的核心建筑，在那里可以看到各种各样的艺术表演，而现代化的声光设备，则让游客得到最为完美的视听享受。听泉堂、千秋堂、幽霞亭这三处场馆是体验韩国传统文化的好地方，游人也可以在这里附设的教室内体验韩国传统文化课程，不论身穿韩服学习韩国传统茶礼，还是使用韩纸制作工艺品，都可以亲身体验，感受历史悠久的韩国传统文化熏陶。此外，三清阁内的翠寒堂与东白轩则是具有朝鲜风情的旅馆，在那里可以获得原汁原味的半岛旅店的招待，并享用各种韩国传统美食。

09 三清洞
艺术气息浓郁的街道

逛

TIPS
首尔市钟路区三清洞路　乘地铁至景福宫站下
★★★★★

幽静的小巷三清洞沿街两侧林立着众多传统韩式建筑改建成的画廊，有些则被重新装修成氛围雅致的咖啡厅或小巧精致的展示馆，充满了浓郁的艺术气息。作为首尔市区内保护完好的一条古老巷弄，三清洞被景福宫、昌德宫等古代朝鲜王宫所包围，是在这片古色古香的世界中一个颇具现代化色彩的存在，这里有诸多画廊、博物馆、古玩店藏在街头巷尾。这又是一条极具艺术气息的道路，尤其到了秋天会被五彩缤纷的落叶所覆盖，金黄色的银杏叶夹杂着火红色的枫叶一起翩翩起舞，陪伴它们的则是那些崇尚自由、追求个性的年轻人们，他们身着波希米亚风格服饰在街上漫步，享受这难得的自由空间，并释放了在喧嚣繁忙的都市中因工作、学习、生活而积累的压力。

10 TOYKINO玩具博物馆
充满童年乐趣的博物馆

TIPS
 首尔市钟路区三清洞35-116（1馆），首尔市钟路区三清洞63-19（2馆） 乘地铁至景福宫站5号出口，出站后步行约10分钟即达 02-723-2690 成人5000韩元，6—18岁3000韩元，5岁以下儿童免费 13:00—20:00 ★★★★

位于首尔钟路区的TOYKINO玩具博物馆是一个深受孩童欢迎的博物馆，成年人在这里也能找到那失落的纯真梦想。这座开业于20世纪的博物馆收集来自五洲的玩具与模型，既有来自的美国动画电影中的角色，也有风靡东亚的日本动漫人物，那一个个名声显赫的存在，令它们的支持者们激动不已。

TOYKINO玩具博物馆的1馆主要展示动画电影里的角色造型和匠心独具的美国玩具，迪士尼的角色们在这汇聚一堂，米老鼠和唐老鸭正在寻幽探秘；狮子王辛巴在展示自己的霸王之气；胡迪警长和巴斯光年这对好搭档的表情令人忍俊不禁；来自"怪兽电力公司"的怪兽们又各显神通吸引着路人的目光；星球大战里的卢克正在使用原力打开光剑，强大而又神秘的黑勋爵具有一股独特的魅力；来自指环王的诸多角色又让人不禁想起到那气势恢宏的史诗电影，进入到那神秘的魔法世界里。来自美国的超级英雄们则是这里的又一大看点，正义的使者超人、用智慧解决难题的蝙蝠侠、最为平民化的超级英雄蜘蛛侠等正义使者的卡通造型应有尽有，令人眼花缭乱。

2馆是展示现代韩国和日本的动漫作品与各种玩具的地方，那些各个时代的知名玩具让不同年龄层的人们都能回想起自己的纯真时光，唤醒那沉睡着的童年记忆。此馆中最吸引人的是"棋牌游戏追忆"游戏体验空间，在那里可以体会到难以言喻的乐趣，而在自动玩具售货机处可以买到各种富有童趣的玩具。

11 红色森林
艺术气息浓郁的画廊咖啡厅

TIPS
 首尔市钟路区三清洞67-1 乘地铁至景福宫站5号出口，出站后步行15分钟即达 02-734-9466 11:00—次日凌晨1:00 ★★★★

位于三清洞的红色森林外观很不显眼，游人稍不注意就会从这家墨绿色的餐厅门前走过，顺着餐厅一侧的小路进入店内后，呈现在眼前的则是一个由画、咖啡、红酒和美食组成的空间。红色森林内挂满各种画作，甚至就连厕所也挂有标价出售的画作，令人时刻都能感受到这里的艺术气息。

12 Romanee Conti
以各式红酒为主题的餐厅

TIPS

🏠 首尔市钟路区三清洞62-6　🚇 乘地铁至景福宫站5号出口，出站后步行20分钟即达　☎ 02-722-1633　价格：Coq au Vin 2.5万韩元　🕐 12:00—次日凌晨1:00　★★★★

　　以红酒为主题的Romanee Conti连店名都是一款法国红酒的名称，室内装饰温馨雅致的餐厅备有超过170种红酒，食客可以自由选择中意的红酒，或是让店员推荐合适的酒类来搭配所点的美食料理，甚至Coq au Vin这道菜就是采用红葡萄酒为主要调料烹制而成的一道法国知名料理，感觉整间餐厅仿佛都飘荡着浓郁的酒香。除了美味的料理和丰富多彩的红酒外，这间地处坡道上的Romanee Conti餐厅建筑本身也颇为雅致，大片玻璃窗令餐厅内拥有良好的采光，提供给食客轻松愉悦的就餐环境，而靠窗坐的客人还可以在享受桌上美味料理的同时，欣赏窗外三清洞古朴与现代相融合的独特风光，夕阳西下的日落时分还可以欣赏到浪漫的落日美景，令人沉醉其中。

13 漆 Gallery on
在精美艺术品的包围中品茶

TIPS

🏠 首尔市钟路区三清洞63-35　🚇 乘地铁至景福宫站5号出口，出站后步行15分钟即达　☎ 02-730-7258　🕐 7:30—19:30　★★★★

　　拥有大片玻璃窗的漆Gallery on是一幢经过重新改建的传统韩屋，宽敞明亮的室内提供各式咖啡、甜点和茶类饮料，在品茶之余，游人可以欣赏店中展示的各式精美艺术品。由于漆 Gallery on的前身是名为VIUM，在日本、法国、德国等地都开设有展厅，专门陈列各种精美艺术品的艺廊，因而现在即使更改了店名，也在店内继续陈列并销售VIUM的精美艺术品。

14 昌庆宫

朝鲜太宗国王居住的别宫

TIPS

📍 首尔市钟路区卧龙洞2-1
📞 02-762-4868   💰 1000韩元   🚇 乘地铁至安国站下
⭐ ★★★★★

　　始建于1418年的昌庆宫，最初是古朝鲜王国历史上最杰出的世宗大王登基后为其父王太宗所修建的一座别宫，最初名为寿康宫。昌庆宫在数百年的历史中不断遭到破坏，而历朝历代在重建时也维持原样，依照其最初的原始蓝图修筑，如昌庆宫内的弘化门和正殿明政殿都与数百年前修建时的样子一般无二，保留了古朝鲜建筑的艺术特色。此外，值得一提的是，昌庆宫内的正殿明政殿同时也是现今保存完好的古朝鲜王宫正殿中历史最悠久的一座。

畅游韩国 · 首尔

059

15 昌德宫

朝鲜王国的五大王宫之一

历史悠久的昌德宫是古时朝鲜王国的五大王宫之一，也是一个把自然风景与人文景观完美结合在一起的宫殿，反映了东亚地区"天人合一"的传统理念。这组典雅的宫殿群采用了少见的非对称设置，但布局严谨，华美的亭台楼阁既各具特色，又相互呼应，并与周围那苍翠的山林非常巧妙地融合在一起。昌德宫的特点是这里宫殿大都修筑在此起彼伏的丘陵之间，并尽力保持着外部的原始风貌，漫步在曲折的林间小道上可以看到纯朴的自然风光，而那些掩映在枝丫间的宫殿则给人以柳暗花明的感觉。

敦化门是这座宫殿的正门，也是昌德宫中历史最为悠久的建筑之一，其气势非凡的木石结构城门傲然挺立在大地之上。仁政殿是李朝国王处理政务的地方，因此是这里的核心建筑，雕梁画栋的殿堂内外装饰典雅大方，仁政殿内最引人注目的是国王御座，殿外的藻井则以镶嵌细致、装饰美丽而闻名。木制的乐善殿是王室成员的住所，游人们来到这里还能观看殿内陈列的王冠、王服、墨宝、武器和其他手工艺品。

殿后的旷野是朝鲜王室打猎、习武的地方，他们在这里能够暂时地抛弃国事的烦扰，放松身心。

TIPS

🏠 首尔市钟路区卧龙洞2-71　☎ 02-762-8262　💰 3000韩元
🚇 乘地铁至安国站下　★★★★★

16 云岘宫

李朝王室最年轻的一座宫殿

TIPS
首尔市钟路区云泥洞114-10 ☎02-766-9090 700韩元 乘地铁至安国站下 ★★★★

云岘宫是李朝王室诸多宫殿中最为年轻的一座，这里本是王室成员居住的府邸，直到高宗时期大规模扩建后才升格为御用宫殿，后因战争炮火的毁坏，只剩下部分遗迹供后人凭吊。这里也是电视剧《明成皇后》的重要外景地，漫步于此不禁会想起荧屏上出现的那一幕幕动人片段。

迈过雄伟壮观的正门之后，首先看到的是右侧的守直舍，那是一长排朴素的瓦房，王宫的仆役和负责保卫王宫的禁军都居住在这里。守直舍后方的老安堂是曾掌握朝鲜最高权力的兴宣大院君所居住的地方，这座宫殿典雅大方，颇有些风轻云淡的韵味，是专门为老年人设计的楼宇。继续前行就可看到建筑群中最大的一座殿堂——老乐堂，这是云岘宫的核心建筑，李朝的高宗就长期居住在这里。而且，它不但是高宗与明成皇后举行大婚的地方，也是高宗在风雨飘摇之际惨淡度过自己六十大寿之处。老乐宫深得中国建筑风格的精髓，又有朝鲜的民族特色，简约华美的殿堂四周刻有美丽的花纹图案，又有金色龙纹盘旋在中门、主梁上，象征着王室的地位与威严。左侧的二老堂是这里的附属建筑，那里是宫女们生活居住的地方，因此又被称为"男性禁地"。

17 新新圆

历史悠久的中华料理店

TIPS
首尔市钟路区仁寺洞165-1 ☎02-723-8854 乘地铁至安国站下 ★★★★

位于仁寺洞大街上的新新圆是一家开业至今已有40余年历史的老字号中华料理店。虽然名为中华料理，但新新圆店内的菜肴还是经过改良的韩国风味，例如用不带甜味的黄面酱和黑色甜面酱混合后做成的韩国黑色炸酱面，以及吃下去非常酸的糖醋肉等，第一次吃的客人可能会很不习惯，但听到周围熟悉的中文点餐声，也许身在异乡的游客就会油然生出亲切感。此外，新新圆临街的玻璃窗内可以看到厨师表演手工拉面，经常吸引过往的路人驻足观看。

18 曹溪寺

韩国佛教最大宗派的主寺

赏

TIPS

 首尔市钟路区坚志洞45号 02-732-5292 乘地铁至安国站下 ★★★★★

悠然典雅的曹溪寺是热闹喧嚣的首尔市区内一处难得的清静之地，这座古老的寺庙是朝鲜半岛佛教曹溪宗的主庙，也是诸多禅宗寺庙中极为重要的一座。曹溪寺始建于李氏朝鲜初期，日后曾几遭焚毁重修，最近的一次是在20世纪初，因而这座寺庙在保持传统风格的同时，又有一抹现代色彩。

这座年轻的寺庙虽然没有深山老刹的古朴韵味，却又有着别处难寻的宏伟殿堂和挥之不去的现代气息，对于当年寻求顿悟的曹溪宗而言无疑是一种难得的机缘。进入曹溪寺内，首先看到的是一棵棵参天的古树，高大的槐花树上朵朵花瓣宛如夜空中繁星一般。等到了盛夏时节，茂密的枝叶在阳光下投射出巨幅的树荫，将这里装点得更显幽静。庭院里的那棵枝丫横出、树冠蓊郁的白松则是韩国政府指定为天然纪念物的古树，具有很高的观赏价值。大雄宝殿是该寺的核心建筑，这是韩国最大的仿古建筑之一，具有鲜明的朝鲜传统佛教建筑风格，里面供奉的是佛祖释迦牟尼，其左侧是药师如来，右侧是阿弥陀佛，庄严肃穆、雕刻精美的佛像极具神圣之感，古色古香的供奉桌上摆满了信徒奉献的物品。来到这座寺庙可以看到各种宗教活动，并了解源远流长的佛教文化。

19 宗庙
古朝鲜历代国王和王妃的祠堂

　　毗邻昌庆宫的宗庙是供奉朝鲜王朝历代国王和王妃牌位的祠堂，迄今已有600年历史，在2001年被列入世界文化遗产之列。规模宏大的宗庙面积达到19万平方米，其建筑充满了古朴厚重的风韵，正殿、永宁殿和望庙楼是观光游人参观的重点，经常可以看到驻足拍照的游人。此外，每年5月，宗庙内会举行宗庙祭礼，规模盛大，同样被列为世界非物质文化遗产。

TIPS

首尔市钟路区勋井洞1号　02-765-0195　1000韩元
乘地铁至安国站下　★★★★★

---

20 打开笔房
深受书法爱好者喜爱的老店

　　地处古老的仁寺洞大街上的打开笔房是一家开业已有半个多世纪、深受众多书法爱好者喜爱的老字号店铺，进入打开笔房面积不大的店铺内，首先映入眼帘的是琳琅满目的文房四宝和各种书法书籍和字帖，墙上的柜子中摆放着各色手工韩纸，以及大量印有各种青铜器铭文、中韩文穿插书写的佛经的装饰纸，就连空气中仿佛也飘荡着浓郁的墨香和古朴的文化气息。打开笔房在半个多世纪的历史中一直坚持由韩国老师傅用传统工艺制作材质与做工均为上选的书法用品，除了众多书法爱好者来这里选购中意的文房四宝和字帖，现今大量观光游客也慕名而来，将店中的商品作为馈赠亲朋好友的纪念品。

TIPS

首尔市钟路区仁寺洞121号　02-737-3992　乘地铁至安国站下　★★★★

21 京一韩纸百货店
老字号的韩纸专卖店

买

位于仁寺洞的京一韩纸百货店是一家历史悠久的老字号韩纸专卖店。随着仁寺洞逐渐发展成为了首尔知名的传统商业街,而利润微薄的韩纸店逐渐入不敷出,一间接一间地撤离了这条古朴的街道,只有京一韩纸一直坚守在已有数十年历史的店中,继续经营传统韩纸。京一韩纸百货店内的货架上摆满了色彩斑斓、用椿树皮为原料制成的韩纸,这是一种中性纸,吸水性、光泽、韧度和耐久度都非常好,由于其制作过程精密,成品细致,现今已经被列为韩国无形文化遗产之一。在京一韩纸百货店内不仅有各种色彩丰富的传统韩纸,也有各种用韩纸制成的笔记本、折册、书签、卡片和韩国传统风筝,是喜欢古典韩国风情的游人不可错过的纪念品采购店。

TIPS
首尔市钟路区仁寺洞179-2　02-733-8233　乘地铁至安国站下　★★★★

22 仁寺洞大街
雅致的传统购物街

逛

位于钟路区的仁寺洞大街是韩国最具有传统风格的购物街,这里的许多商家都充满着人文艺术气息,周边的狭窄小巷常常隐藏着令人惊喜的店铺与景点,是购买古代美术品、各种现代美术品、朝鲜民族服饰、陶瓷器、工艺品和其他旅游纪念品的好地方。

TIPS
首尔市钟路区仁寺洞　02-732-1931　乘地铁至安国站下　★★★★★

这条大街最初是因为出售古董与艺术品而知名的,因此汇聚了首尔地区的各种古董珍品,其中既有风格多样、技法精湛的古画,也有造型优美的陶瓷,古朴典雅的木器、金属制品、古家具,以及古代生活用品,从统一新罗时代的土器到朝鲜时代的白瓷,应有尽有。

仁寺洞大街与周围的小巷中开设有多家画廊,这里既有名家的代表之作,也有新人的独特画卷,古代朝鲜的水墨画清秀淡雅,具有极高的艺术价值,而各种现代风格的作品又有鲜明的个人印记。这里的画廊经常会举行各种展览会,因此成为了韩国艺术家进行交流的地方。

漫步于此,可见沿街一间间大小不一的商铺挂着各自的牌匾,雅致的招牌下是充满朝鲜风情的商铺店面,置身其间,仿佛回到了100多年前的李朝街巷之中。有趣的是,这里出售的朝鲜民族服装是经过了改良加工、使之更符合现代人审美观的,而翡翠玉器和古旧家具、文房四宝等,则充满浓浓的人文气息,而那些漂亮的绸缎荷包、扇子和韩国结手机链更是深受欢迎的手工艺品。

23 宫中饮食研究院

参观韩国"人间国宝"制作的传统饮食

TIPS

首尔市钟路区苑西洞34号　02-3673-1122　乘地铁至安国站下　★★★★★

几年前的韩剧《大长今》在全世界各地热映，继而引起了一股韩国饮食的热潮，在《大长今》剧中有一处御膳厨房所提倡的宫廷"膳食补疗"概念引起了众多观众的注意，也让世人开始关注起神秘的韩国宫廷饮食。

作为《大长今》剧中的幕后功臣之一，及《大长今》的宫廷饮食典故顾问，韩福丽老师不仅亲自主持设计了剧中每一道主题菜肴，还对女主角李英爱进行培训，从而成功创造出了吸引全世界FANS的华丽宫廷饮食，名列韩国第38号非物质文化遗产。韩福丽在首尔苑西洞开设的这家宫中饮食研究院，是传承推广韩国御膳的哲学、制作方法和工艺的"培训学院"，在宫中饮食研究院内主要进行日常授课和学员的训练，虽然并不对公众开放，但远道而来的游客在敲门询问后往往会被带入参观，品尝宫廷点心，使得这里在不经意间就对外国游客宣传了韩国的传统文化。

24 北村文化中心

感受韩国的传统文化

TIPS

首尔市钟路区桂洞105号　02-3707-8388　乘地铁至安国站下　★★★★

位于桂洞的北村文化中心环境雅致，在这条古色古香的小巷中拥有900多间保存完好的韩屋，这些韩屋大多为半世纪前的建筑，个别年代久远的甚至已经有百余年的历史，其中大部分还有人居住，保存较好的则开辟为博物馆、民俗工艺馆和餐厅等，吸引了众多渴望亲身接触韩国传统文化和历史的游人。

25 塔洞公园
首尔市内最早的近代公园

TIPS
首尔市钟路区钟路2街38-1　　3000韩元　　乘地铁至安国站下　★★★★

首尔钟路区的塔洞公园在朝鲜历史上占有重要的一席之地,这里不仅是朝鲜半岛上最早的近代公园之一,还是朝鲜人民争取独立自由的起点,著名的"三一运动"就是在这里爆发的。现在的塔洞公园已经远离了那屈辱悲情的历史,是一个绿树环绕、风景如画的美丽场所,一度更是成为一个老年人云集的休闲公园,不过韩国政府为了纪念那些不能忘却的记忆,而在独立运动爆发83周年的纪念日时将这里改建一新,使其成为追忆历史的地方。

公园内的核心景点是纪念广场,这里有"三一运动"的发起者孙秉熙先生铜像、"三一运动"纪念塔,以及其他众多的历史文物供人参观。公园北侧围墙上有忠实再现"三一运动"爆发时情形的浮雕,将游行者们的澎湃激情与日本侵略者的丑恶嘴脸都生动地再现了出来,这里是一个用心感悟的地方——那一幅幅慷慨激昂的画面会闪现在眼前,那此起彼伏的令人血脉贲张的呼唤也清晰地传入耳中,用最直观的方式把历史再现在人们面前。

作为韩国第354号史迹景点的塔洞公园,不仅在近代历史上显露过身影,过去这里作为佛寺也是声名显赫的。圆觉寺寺址十层石塔、圆觉寺碑是公园内历史最为悠久的文物,也是韩国的第二、三号国宝,它们是朝鲜佛教鼎盛时期的遗留物,也是首尔历史的重要见证者。奇特的八角亭是首尔市的第73号有形文化遗产,它优雅的造型与亮丽的色彩都让人赞不绝口,因而也给充满沉重色彩的公园内增添了一条靓丽的风景线。

26 庆熙宫 赏
朝鲜王室避难时的离宫

庆熙宫本是作为朝鲜王室避难时的离宫，后来成为李朝国王的别宫，在日本殖民时期被改建为京城中学，直到21世纪才恢复了部分原貌，开始迎接来自世界各地的参观者。这组历史悠久的东方式宫殿建筑群修建于17世纪初，雕梁画栋，极为精美。庆熙宫占地庞大，气势雄伟，但因为朝鲜半岛在20世纪屡遭战火的缘故，许多旧时的殿堂已被迁移出去，例如当时的弘化门成为现在新罗饭店的正门，而崇政殿则成了东国大学的一部分。现在的庆熙宫是一个综合性的风景文化区，不但有绿树成荫的休闲公园，还有市立美术馆和汉城定都600年纪念馆等著名的展览馆。漫步在宽阔的殿前广场上，看着那一栋栋古色古香的殿堂，让人不由得赞叹其建筑者的高超艺术水平。庄严肃穆的氛围也彰显出了李氏王朝的崇高地位。现在的庆熙宫还经常举行丰富多彩的文艺活动，尤其是根据热门电视剧《大长今》改编的古典音乐剧，在运用朝鲜传统文化的基础上添加了符合现代审美观的诸多要素，深受观众欢迎。

TIPS
首尔市钟路区新门路2街1号　02-224-0121　开放时间:9:00—18:00　乘地铁至光化门站下　★★★★

27 首尔历史博物馆 赏
了解首尔的城市历史与发展

TIPS
首尔市钟路区新门路2街2-1　700韩元　乘地铁至光化门站下　★★★★

建于21世纪的首尔历史博物馆是世界诸多历史博物馆中的后起之秀，这是一个介绍首尔地区源流与发展的城市博物馆，在韩国的诸多博物馆中极具代表性。在这个旨在介绍首尔历史以及文化的城市历史博物馆中不但展出了许多具有历史意义的文物，同时还让参观者了解到展品在历史中的来龙去脉及它的生产、流通和利用的空间，以及社会和文化脉络。首尔博物馆还关注着这里的居民们的生活过程和环节，以及他们在不同历史时期对自己家园的感慨与希望。这里还记录着首尔地区的无形文化遗产，让人们追忆起那被埋藏的过去，在时光的穿梭中深切了解其厚重的历史文化。有趣的是，博物馆内还复制了旧时朝鲜式的小酒馆，让这一独特的民俗文化得到永久的保存。

首尔历史博物馆内的文物众多，不但有许多珍贵的物品展出，还有热心的首尔市民捐献出的朝鲜时代首尔文物，使游客能够清晰纵览首尔地区的发展与变化，并加深对该城的了解和认识。博物馆内还有众多功能厅，在那里不仅能够休息放松，还能选购馈赠亲友的礼物。

28 崇礼门
首尔的标志古迹

位于首尔市中心的崇礼门是古代朝鲜王都的南大门,是该市诸多古城门中历史最为悠久的一座,它也是古代朝鲜半岛上最为宏伟的木石混合建筑,因而被韩国政府指定为第一号国宝。这座古老的城门修筑于14世纪末,是由朝鲜李朝的开创者李成桂下令建造的,它见证了这座城市所经历的荣耀、屈辱与沧桑。

TIPS
🏠首尔市中区南大门路　🚇乘地铁至会贤站下　⭐★★★★★

崇礼门是一座极具东方风格的军事防御建筑,它的底部是以平滑的巨石堆砌而成,厚重的墙壁中央有一个拱形的入口,木制的大门是旧时兵家必争之地,不过这座城门的一大特点是没有凸凹不平的墙垛。这里的城楼规模宏大,造型古朴典雅,是为灰筒瓦绿琉璃剪边,重檐歇山式结构;其上悬挂的匾额是少见的竖写匾额,根据风水学的理论,它是可以克制环绕的首尔的冠岳山之火属性,这三个题字庄重淡雅,笔力强劲,深得书法艺术的精髓。城门两侧墙体上覆盖着青青的野草,四周的空地上种植着苍翠的树木。

这座城门历经岁月的洗礼,曾多次修筑重建,现在的崇礼门是在2008年的大火后依原样重建的,是充满现代都市气息的首尔城中难得的古典建筑。到了夜间,这里会被强烈的水银灯光所照亮,其独特气质是别处难以寻觅到的。

29 南大门市场
韩国规模最大的市场

逛

TIPS
首尔市中区南仓洞49号　02-752-1913　乘地铁至会贤站下　★★★★★

位于崇礼门附近的南大门市场是首尔最大的综合性市场之一,这个全天候的大商城无论昼夜都是人潮涌动,各种叫卖声、讨价还价声不绝于耳。这里的商品琳琅满目,以其价廉物美闻名首尔。无论是衣服、香水、纪念品、电子产品、化妆品、糖果,还是食品和日用百货,都可以自由选择与商议价格,最大限度地让购物者获得购物的愉悦。

这个市场历史悠久,部分店铺还保留着古朴的风格,是一个以童装、男装、女装等日常生活必需品为主的大型传统市场。这里采用当下综合性市场最为流行的做法——把出售同类产品的店铺安置在一起,使得顾客不必走远就能货比三家,最大限度地使消费者获得实惠。值得注意的是,商业区内的许多店铺都是厂家的直销店,因而顾客在这里可以用相对低廉的价格选到品质最好的商品。

30 新世界百货
韩国最早的百货公司

买

TIPS
首尔市中区忠武路1街52-5　02-1588-1234　乘地铁至会贤站下　★★★★

位于明洞与南大门中间位置的新世界百货是韩国的三大综合商场之一,这里交通方便,地处首尔的交通枢纽段,商店繁多,是一家大型的购物综合场所。这家新世界百货由本馆和新馆两大商场构成,定位也各不相同。其中本馆一共6层,主要经营高档商品及奢侈品;新馆则以经营其他档次商品为主。本馆不仅有针对女性的美容、提包、服饰类的店铺,也有针对男性的服装,还有进口品牌和百货,也受到许多韩国民众的喜爱。作为韩国最早、最成功的百货店,这里有着丰厚的历史传统积淀,除了很多的高档商品外,韩国本地的泡菜、紫菜、人参等特产,也受到了广大游客的欢迎。

畅游韩国 · 首尔

31 京一眼镜
首尔最受欢迎的眼镜店

买

南大门一带是韩国眼镜批发的大本营，沿街林立着众多眼镜店，不仅韩国人在这里选购眼镜，就连很多外国游客也会专程来这里选购眼镜，以及隐形眼镜。在竞争激烈的南大门众多眼镜店中，开业已有30年历史的京一眼镜不仅历史悠久，而且店内眼镜款式时尚，店员服务态度也很热情，同时价格也是南大门地区最实惠的，客人在京一眼镜只需20分钟就可配好一副眼镜，堪称是一家性价比极高的老字号眼镜店。

TIPS
首尔市中区南仓洞48-11　02-779-0022　乘地铁至会贤站下　★★★★

32 东大门
首尔古城的东侧大门

赏

TIPS
首尔市钟路区钟路6街69号　乘地铁至东大门站下
★★★★

东大门是首尔古城的东侧大门，又名兴仁之门，它历史悠久，最早是由朝鲜王朝的开国之祖李成桂所建，后来几经毁坏重修，现在的门楼则是由高宗国王在1869年所建的，是韩国少见的保存完好的城门设施。东大门作为都城的出入要地，修建得极为坚固，高大的城墙上各种军事设施应有尽有，尤其是作为军事要塞的瓮城更是固若金汤，它设有箭楼、门闸、雉堞等防御设施，为了防御攻城槌等武器的进攻，这里的城门还与东大门的城门不在同一直线上。有趣的是这里石块颜色参差不齐，据说是因为历代不断整修的缘故。

东大门的门楼雕梁画栋，是一个极具军事建筑艺术美感的城楼，其上有二层门楼，门楼正面有5间房屋，侧面2间，屋顶为隅进阁，屋檐上方有多种动物的雕像，据说能驱鬼辟邪，具有鲜明的时代特征。东大门的城门建筑在保持军用建筑功能的同时，还有着细腻的装饰，是一座典型的反映了朝鲜时代后期建筑风格的大型建筑。东大门附近的景点众多，既有佳肴云集的小吃一条街，也有引领亚洲时尚潮流的东大门市场。

33 黄鹤洞妖怪市场街
留下旧时回忆的市场

位于首尔清溪川8街和Samyil公寓13洞到17洞之间的黄鹤洞妖怪市场街,又称为妖怪市场、鬼市场、蚂蚁市场等,是一条充满旧时回忆的市场街。在黄鹤洞妖怪市场街内林立着上千家店铺,这些店铺经营的商品种类繁多,既有旧唱片、古董等充满历史的商品,也有电视、冰箱、电唱机等古旧电器,还有店主从世界各地收集的或真或假的老旧商品,吸引了很多喜欢收集有趣旧货的游人到这里观光寻宝。

TIPS
首尔市清溪川8街三一公寓商场前　乘地铁至会贤站下
★★★★

34 南大门美食街
品尝各式美味小吃

位于崇礼门附近的南大门美食街是一个与东大门美食街齐名的繁华地带,是著名的购物、旅游、休闲一站式综合街道。在这里可以买到各种极具韩国风情的物品与食物,色彩鲜艳的上等布料是制作各种服饰的绝好材料。南大门美食街的商品物美价廉,不但是游客们聚集的地方,首尔当地居民也经常来这里品尝各种鲜美的食物。

TIPS
首尔市中区南仓洞　乘地铁至会贤站下 ★★★★★

南大门美食街的独特之处在于这里汇聚了中、日、韩三国的各种民间小吃,来自日本的关东煮和寿司在这里随处可见,而中国的不同美食在这里也是广受好评。当然最受欢迎的还是来自韩国的风味小吃,独特的烤年糕是年轻情侣的最爱,各种泡菜则是老少咸宜的佳肴。

这里有很多老字号的食肆,堪称是平民美食的殿堂。

35 东大门小吃一条街
品尝地道的韩国小吃

TIPS
📍 东大门运动场外围，兴仁市场至第一平和市场之间 🚇 乘地铁至东大门站下
⭐★★★★

东大门小吃一条街是首尔著名的小吃街，这里汇聚了韩国各地的独特风味，是外国游客品尝韩国民间佳肴的好去处，辣炒年糕、猪血肠、大麦蒸糕、国花饼、黑糖饼、龙须糖等数之不尽的韩国传统小吃让人眼花缭乱、垂涎欲滴。这里的美食种类众多，小吃店云集，因为是属于旅游商圈内，所以每天营业至深夜。全年无休的东大门小吃一条街上有着成群结队的游客，他们慕名到此品尝美食，可谓乘兴而来，满意而归。

36 斗山塔
东大门人气最旺的购物中心

TIPS
📍 首尔市中区乙支路6街18-12 ☎ 02-3398-3333 🚇 乘地铁至东大门站下 ⭐★★★★

斗山塔是韩国首尔最著名的综合性购物中心之一，它位于著名的东大门市场，是一座集各种建筑元素于一身的典雅大厦，这里的商品众多，尤其是朝鲜族的传统手工艺品，颇受欢迎，不过更多的游客却并不是冲着这些东西来的——化妆品、名牌服饰、电器、电子产品才是他们的目标。在这里，这些商品不仅价格便宜，而且种类也非常齐全，非常受游客的欢迎。斗山塔从地下二楼至地上七楼，一共有九个楼层。逛到晚上，觉得有些累了的话，还可以在顶楼美食街品尝各种美味佳肴。斗山塔常有各品牌的特卖会不定期开张，届时可见诸多穿着前卫的青年手拎大小包袋心满意足地扫货。这时冲上楼去选择心仪的款式，往往会有出人意料的好价钱。漫步在斗山塔可以看到世界各地的品牌服饰，既有顶级品牌的专营店，也有深受当下都市白领阶层喜爱的独特品牌，而那些面向大众的知名产品，也纷纷在这里开设了旗舰店。

斗山塔的营业时间是从上午10点到次日凌晨5点，可谓是彻夜不眠，来到这里，人们可以尽情享受逛街购物的乐趣。值得注意的是，这里的货物在售出后可以更换，但基本不予退款。这座大厦还有着优良的服务，众多外国货币都可以在此通用，大楼的咨询中心还设有汉语、英语、日语三种语言服务，以方便不同国家的游客。

37 Migliore 买
东大门人气最旺的商城之一

TIPS
🏠首尔市中区乙支路6街18-185 ☎02-3398-0003 🚇乘地铁至东大门站下 ⭐⭐⭐⭐

　　位于乙支路的Migliore与斗山塔同为东大门人气最旺的两座购物商城。在Migliore内从地下一层到地上三层都是经营女装的店铺，其余楼层则有经营男装、童装、孕妇装、皮包配件、发饰首饰和日用杂货等众多商品，总计约2000家经营各种时装批发和零售生意的商家入驻其中。此外，在Migliore的9层还设有一处美食中心，顾客在挑选中意商品之余，还可以来到这里小憩片刻，在多家餐厅中选择一家品尝美味料理。

38 Hello apM 买
首尔流行地标

TIPS
🏠首尔市中区乙支路6街18-35 ☎02-6388-1114 🚇乘地铁至东大门站下 ⭐⭐⭐⭐

　　与Migliore和斗山塔毗邻的Hello apM商城大楼正面全是霓虹灯，在夜晚这里显得非常醒目。24小时营业不打烊的Hello apM虽然规模不大，但却经常举行各种特别抢购的活动，加上这里的服装多为年轻个性化的款式，非正式的T恤和多层次穿着的单品和配件也是琳琅满目，Hip-Hop等年轻人喜爱的服饰也是应有尽有，因而在喜欢购物淘宝的年轻人中非常有号召力，是首尔一处全新的流行时尚新地标。

39 CERESTAR
综合性的娱乐购物商城

TIPS
首尔市中区乙支路6街17-2 02-2048-4800 乘地铁至东大门站下 ★★★★

位于斗山塔与Migliore后方的CERESTAR规模极大,在12层楼的营业面积中汇集了超过3400家经营男女时装、童装、鞋类、饰品和各式杂货、玩具的店铺,琳琅满目的商品吸引了众多喜欢逛街淘宝的人们在这里寻觅自己中意的商品。此外,CERESTAR还在10层设有电影院和游艺场,12层则开设了浴场和拳击练习健身房,令顾客在购物之余也可以体会到全方位的休闲娱乐与放松。

40 东大门市场
韩国最大的综合性批发市场

TIPS
首尔市钟路区崇仁洞56-78 02-587-5827 乘地铁至东大门站下 ★★★★

位于东大门一侧的东大门市场是韩国最大的综合性批发零售市场,是首尔市最具有指标性的新兴商业区,这里有20多个综合购物大楼和3万多个专营商店,各种商品应有尽有,是首尔的购物天堂。

市场内人群密集,规划时就特意针对都市人群休闲购物的需求而特地设计,采用了高密度、对比鲜明的开发方式,给这里规划设置了相当多的景点,而且进驻这里的百货商场或企业大楼,建筑风格也都别具特色,来自韩国各地的批发商、职员与首尔市民和外国游客汇聚在这里,拥有华丽的灯火和拥挤人群的东大门市场夜景比白天更绚丽。

41 茶山桥

最具传统风情的首尔之桥

TIPS

🚇 首尔市清溪川沿岸　🚉 乘地铁至东大门站8号出口，出站后步行5分钟即达　💰 免费　⭐⭐⭐⭐

赏

茶山桥因被誉为最具传统风情的首尔之桥而闻名遐迩，吸引了众多游人在这驻足停步，穿行其间，宁静的河水会让人产生某种莫名的困惑，怀疑自己是否真的正置身于热闹喧嚣的首尔市区。茶山桥是因为附近的茶山路而得名的，相传朝鲜历史上的著名学者丁若墉就居住在这附近，因其号为"茶山"，故得此名。

这座桥梁虽然看似平凡无奇，但在古代却是一个颇有名气的地方，这里曾是当时的古首尔城区最大的民间洗衣场，也是孩童们聚会游玩的地方，后来因为岁月的流逝而被掩埋了。到了20世纪末，首尔市政府对情溪川进行大规模修整的时候，这里才又一次跃入人们的眼帘。

古老的洗衣场已经被恢复了，来到这里的游客们可以站在岸边，既可以追忆那过去的故事，也可以聆听那一位位忙碌的家庭主妇飘荡在空中的欢声笑语。

现在的茶山桥又是首尔市区内的一处难得的休闲场所，河畔那一棵棵翠绿的杨柳，是避暑养神的好地方。这里的早晨、黄昏景象各不相同，有时像天然的运动场，人们绕着河岸慢跑，或者锻炼健身；有时又像儿童乐园，到处是兴高采烈的孩童，他们会在清澈的水流中玩耍；有时又是家庭散步的地方，而岸边那些伴着高楼大厦一起倒映在水中的茂盛的垂柳，则更是不失时机向人们诠释了何谓"美"的又一种定义。

42 永渡桥

凄美爱情故事而闻名的古桥

赏

TIPS

🚇 首尔市清溪川沿岸　🚉 乘地铁至东大门站8号出口，出站后步行10分钟即达　💰 免费　⭐⭐⭐⭐

古老的永渡桥是清溪川上一个独特的存在，这里是因为朝鲜王朝的端宗与王妃定顺王后宋氏那凄美绝伦的爱情故事而扬名的。这个城市中的小桥虽然不起眼，但却是愈发同质化的都市中难得的存在，它彰显了首尔的悠久历史，是这座充满时尚元素的大都会中一处难得古朴之地。

永渡桥的建造历史已经不可考证了，相传它是因为端宗被放逐时与王妃告别的地方，因而充满着独特的哀伤气息。现在的这里则是周围居民休闲健身的地方，漫步在桥上除了能追思往日的情怀外，还能瞭望四周的美好风景，那一座座错落有致的高楼大厦是现代社会的独特美景。桥下静静流淌着的清溪川堪称首尔最为著名的观景河，它的身影总是会让人有种遗世独立般的寂寞感，即使当居住在附近的孩子们沿着河岸嬉戏打闹时，它也仍旧显得是那样的安静。

畅游韩国 — 首尔

075

43 泰迪熊博物馆 赏
可爱的泰迪熊世界

TIPS
🏠 首尔市龙山区龙山洞2街1-3　🚇 乘地铁至明洞站3号出口，出站后步行30分钟即达　📞 02-3789-8488　💰 8000韩元　🕐 10:00—22:00　★★★★

开业于2008年12月的泰迪熊博物馆是继坡州和济州后韩国第三座泰迪熊博物馆，博物馆内分为历史馆和特别馆两个区域，游人不仅可以在这里欣赏到各式各样憨态可掬的可爱泰迪熊玩偶，还可以看到化身为朝鲜王朝历代君主的泰迪熊们。此外，在泰迪熊博物馆内还有将首尔的清溪川、明洞、仁寺洞和东大门等主要观光景点等比例缩小后的模型展示给游人观看，是一座充满首尔古今风貌的博物馆。

44 Bird & Tree 买
收藏N首尔塔的各式纪念品

位于N首尔塔1层广场和2层的Bird&Tree是销售N首尔塔各种相关商品的纪念品商店，在这里不仅可以买到N首尔塔和缆车等图样的明信片，还可以买到其他众多知名设计师以N首尔塔为原型设计的钥匙链、笔、首饰盒徽章等纪念品，其中可以转出N首尔塔、塔端特写和从塔上鸟瞰首尔迷人夜景等画面的3D水晶镇纸，尤其受到观光游客的欢迎。

TIPS
🏠 首尔市龙山区龙山洞2街1-3　🚇 乘地铁至明洞站3号出口，出站后步行30分钟即达　🕐 10:00—22:00　★★★★

45 N.Grill旋转餐厅
360度全方位欣赏首尔景色 吃

位于N首尔塔5层的N.Grill旋转餐厅沿着窗边的座位会缓慢移动，旋转一圈大约需要48分钟的时间，是一处客人可以在品尝美味佳肴的同时全方位欣赏首尔美景的地方，尤其是日落时分的夕阳美景和夜幕降临后首尔那火树银花不夜天的无尽风光，在这里都能尽收眼底，可彻底满足视觉和味觉的双重享受。

TIPS

首尔市龙山区龙山洞2街1-3　乘地铁至明洞站3号出口，出站后步行30分钟即达　02-3455-9297　11:00—23:00 ★★★★

46 TODA COSA
商品种类丰富的综合化妆品商店

TIPS

首尔市中区明洞2街50-16　乘地铁至明洞站6号出口，出站后步行5分钟即达　02-774-9557　10:30—22:00 ★★★★

位于明洞的TODA COSA是一家商品种类丰富的综合化妆品商店，店内拥有基础护肤用品、彩妆化妆品、小饰品等多达400余种韩国本土和国外品牌的彩妆产品和饰品。TODA COSA店内每款化妆品都有试用样品，顾客可以在店内喷洒香水、涂指甲等，就连粉扑、眼影棒和棉棒等都放在一旁任顾客取用，颇受爱美女性顾客的欢迎。

47 HANSKIN
BB霜的知名品牌

🏠首尔市中区明洞2街32-6　🚇乘地铁至明洞站6号出口，出站后步行5分钟即达　☎02-755-7755　🕘9:30—23:00　⭐★★★★

　　以"靠近自然"为理念的HANSKIN品牌是韩国家喻户晓的BB霜品牌，全称为Blemish Balm Cream的BB霜最初是医学美容所用的产品，可用来简化上妆步骤，同时兼具保养、粉底、隔离霜效果，还可提高皮肤明亮度，自然清透的感觉好似没有化妆一般。难怪只需一瓶就可同时达到保养、隔离、润色、维护、保湿、遮瑕众多效果的BB霜，在韩国深受众多演艺界女明星的喜爱。

　　HANSKIN于2007年8月在明洞开设了1号店，现今在明洞主街上已经拥有两家大型门店。在HANSKIN店内拥有多款成分与不同功能的BB霜，其中金色包装的鱼子酱BB霜、黑色包装的Super BB霜、粉色包装的珠光BB霜都颇受时尚爱美女性的欢迎。

48 LANEIGE Star
打造韩国美眉的靓丽容颜

🏠首尔市中区明洞2街50-17　🚇乘地铁至明洞站6号出口，出站后步行5分钟即达　☎02-754-1970　🕘11:00—21:00　⭐★★★★

　　由韩国最大化妆保养品公司Amore Pacific在明洞开设的LANEIGE Star以全场免费试用的促销方式在明洞刮起一股美容风潮，并带动了多家美妆店跟进，形成现今明洞街上美妆店沿街林立的"战国乱世"。2007年5月由之前的店面the Amore Star更名为LANEIGE Star后，公司邀请了国际知名空间大师Yabu Pusheberg为旗下产品量身定做具有艺术性与年轻创造力的展示空间，一举提高了其品牌效应，成为当时首尔的话题新闻之一。拥有4层楼营业面积的LANEIGE Star每层都拥有不同的功能区，其中1层提供过去最受欢迎的全系列彩妆免费试用，顾客还可以花钱请专业彩妆师帮忙化妆，2—4层则提供美容保健的饮料食品、保养SPA、美容护肤教室等服务，是爱美女性不可错过的一家美妆店。

49 天地然火汗蒸幕
体验传统的韩式火汗蒸幕

TIPS
- 首尔市中区忠武路2街11-1
- 乘地铁至明洞站9号出口,出站后步行5分钟即达
- 02-318-8011
- 全天开放
- ★★★★

位于忠武路的天地然火汗蒸幕是一家24小时营业,主要提供全套火汗蒸幕体验疗程的传统韩式火汗蒸幕店。在体验火汗蒸幕前,游人需要先进入高圆顶烤窑,让全身毛孔张开后再洗澡,然后由专人带领前往大通间内体验韩国阿珠妈的搓澡功夫,可将身上的老化角质彻底清除。之后游人可自行选择在人参、黄土泥浆、绿茶、艾草、氧气水和冷泉这六种不同的温泉池中休息,最后在床台上进行按摩与洗头、冲澡才算结束全部疗程,大约需要耗时1.5小时。体验火汗蒸幕的游人会感受到全身肌肤前所未有的细嫩和通体舒畅的感觉,是在观光旅游之余不可错过的一项韩国民间传统文化体验。

50 挪夫家部队锅
受欢迎的国民美食

TIPS
- 首尔市中区明洞2街32-3
- 乘地铁至明洞站6号出口,出站后步行5分钟即达
- 02-776-6119
- 11:30—22:00
- ★★★★

挪夫家部队锅在韩国各地开有多家连锁店,可以品尝在韩国极受欢迎的国民美食——部队锅。所谓部队锅起源于朝鲜战争之后,由于当时韩国各地肉类食材短缺,在美军基地附近的居民便将美军丢弃的剩余香肠、罐装火腿加入辛辣的辣酱汤,成为当时困难时代难得的美食。随着时代的发展,部队锅也在不断发生变化,并被加入了洋葱、青葱、培根、奶酪、年糕和方便面等食材,成为一道在韩国颇受欢迎的国民美食。在品尝部队锅的时候,可以在白饭中加入汤,成为另一种美食——部队锅汤泡饭,尤其适合冬季天寒地冻时品尝,既可以驱除寒意,又可以让人大快朵颐一番。

畅游韩国 · 首尔

51 O'sulloc Tea House
装修雅致的绿茶专卖店

TIPS

首尔市中区明洞2街33-1　乘地铁至明洞站6号出口，出站后步行3分钟即达　02-774-5460　9:00—22:30　★★★★

位于明洞商业街的O'sulloc Tea House是一家装修雅致、店内空间设计开阔的绿茶专卖店，店内2楼的座位旁是大片落地玻璃窗，可以一览窗外繁华热闹的街景。O'sulloc Tea House的茶叶全部产自济州岛上的绿茶园内，客人可以在店内品尝到加入绿茶成分制成的蛋糕、冰激凌和各种饮料，不论是夏天品尝口感绵密的绿茶优格冰激凌，还是冬天在这里喝一杯香醇的绿茶卡布基诺，每一款都带着绿茶独有的清香，令人心情愉悦。此外，在O'sulloc Tea House也可以购买如茶叶、茶器等与绿茶相关的商品，是在繁华的明洞逛街之余轻松惬意享受午后休闲时光的好地方。

52 明洞咸兴面屋
品尝朝鲜咸兴风味的冷面

TIPS

首尔市中区明洞2街26-1　乘地铁至明洞站8号出口，出站后步行3分钟即达　02-776-8430　9:30—22:00　★★★★

位于明洞商业街上的明洞咸兴面屋是一家专营朝鲜咸兴风味冷面的餐厅，盛在碗中的冷面卷成一团，上面依序铺着辣味海鲜或牛肉、水梨、小黄瓜、水煮蛋等食材，其中水梨让辣味中夹杂着一丝甜意，就着餐前店家端来的清淡牛骨汤一起吃下，味道颇为可口。此外，如果吃不惯这红彤彤的辣冷面，客人也可以在店中品尝一般常见的水冷面。

53 味加本 吃
品类繁多的韩国粥店

TIPS
首尔市中区明洞1街45-3　乘地铁至明洞站6号出口，出站后步行2分钟即达　02-752-0330　8:00—22:00
★★★★

中国游客在明洞商业街观光游览的时候，很容易就可看到用汉字写成的"味加本"招牌，这家韩国粥店中虽然座位不多，但色调柔和的灯光与墙上的壁画以及周围摆放的花草植物等都营造出一个舒适温馨的用餐环境。在味加本不仅可以品尝到鲜虾粥、牛肉粥、野菜粥等品类繁多的韩国粥，还可以喝到五味子茶、柚子茶和桂皮茶等热饮，在吃过辛辣刺激的韩国料理后，坐在味加本温馨舒适的店内，吃一碗鲜美可口的粥，喝一杯暖胃祛寒的热茶，令人心情愉悦。

54 明洞炸猪排 吃
日式风味的炸猪排

TIPS
首尔市中区明洞1街59-13　乘地铁至明洞站6号出口，出站后步行5分钟即达　02-775-5300　11:00—21:30
★★★★

与南山众多炸猪排店有所区别的是，位于明洞商业街的明洞炸猪排是一家日式风味的炸猪排店，在这里可以品尝到腌渍过的猪排裹上鸡蛋和面包粉，用高温炸到表面金黄酥脆的炸猪排，吃的时候配上店内特调的美味酱汁，绵密柔软的口感非常可口。此外，随餐还附赠味噌汤和分量十足的高丽菜丝，加上块头不小的炸猪排，物美价廉的特点吸引了众多年轻人在逛街之余来这里用餐。此外，如果选择在餐厅一层的吧台就餐，还可以观看到厨师炸猪排的制作过程。

55 明洞
韩国流行时尚的标志性区域 逛

TIPS
📍 首尔市中区明洞　🚇 乘地铁至明洞站下　⭐★★★★

首尔的明洞宛如一座巨大的购物城，代表了整个韩国的流行趋势，在长约1公里的街道两侧汇集了各种各样的品牌专卖店、百货店、免税商店等，集中了许多质量上乘的品牌产品，可以买到领衔当季服饰潮流的各种服装、鞋帽、饰物等，被誉为"韩国流行服饰的中心"。此外，近年来还有众多经营韩剧周边商品的商店和韩剧体验馆等纷纷入驻明洞，是众多哈韩族不可错过的朝圣地。

购物逛街之余，明洞还有众多西餐厅、快餐店以及韩式、西式、日式餐厅，游人可以选择品尝各种美味料理。而街上古朴的明洞圣堂则是韩国最早的天主教堂，是一处繁华闹市中净化人们心灵的圣所。

56 Lotte Young Plaza
明洞年轻流行服饰聚集地 买

TIPS
📍 首尔市中区南大门2街123号　☎ 02-771-2500　🚇 乘地铁至明洞站下　⭐★★★★

毗邻乐天百货的Lotte Young Plaza是一幢外观为玻璃的七层建筑，深受年轻人的欢迎。Lotte Young Plaza是明洞年轻流行服饰的聚集地，商场内汇集了无印良品、UNIQLO、Calvin Klein等上百个年轻人喜爱的时尚品牌，其中不乏DOHC这样在韩国本土最受欢迎的品牌，在Lotte Young Plaza转上一圈，基本就可以掌握韩国当季的最新流行趋势。

57 营养中心总店
品尝美味的参鸡汤 吃

TIPS
📍 首尔市中区忠武路1街23-16　☎ 02-776-2015　🚇 乘地铁至明洞站下　⭐★★★★

开业已有40余年的营养中心在首尔拥有20余家分店，其中地处繁华商业街明洞的营养中心总店更是每天都有顾客排着长队，一年四季都有食客专程前来这里品尝美味营养的参鸡汤。营养中心总店内除了美味营养的参鸡汤外，还供应午间特惠烤鸡套餐——半只在电烤炉中炙烤得香脆可口的美味烤鸡搭配西式奶油餐包、沙拉和例汤的午餐只需6500韩元，很受附近上班族的欢迎，餐厅内也是座无虚席。

58 明洞饺子
老字号的韩国饺子店

TIPS
首尔市中区明洞街2街25-2　02-776-5348　乘地铁至明洞站下　★★★★

开业于1969年的明洞饺子是一家老字号的韩国饺子店，在全世界各种语言不同版本的明洞美食观光介绍书中都可以找到这家店的名字，不论什么时候来明洞饺子都会发现店内座无虚席，客人络绎不绝。这里的菜单非常简单，只供应猪肉蒸饺、馄饨手打面、黄豆汁面和韩式辣拌面这四种料理，其中作为招牌的猪肉蒸饺皮薄馅嫩，形状如小笼蒸包，馅中包含中药材，吃在口中味道清淡而不油腻，而且味美价廉，吸引了众多观光客慕名而来。

59 全州中央会馆
韩国最好吃的石锅拌饭

TIPS
首尔市中区忠武路1街24-11　02-776-3525　乘地铁至明洞站下　★★★★

被誉为"韩国最好吃的石锅拌饭"的全州中央会馆隐匿在繁华的明洞一条不起眼的窄小巷弄中，店门口一位穿着白袍、头戴斗笠、拿着旗帜的活招牌不仅为这家餐馆招徕顾客，甚至也成为了来明洞观光购物的游客竞相合影的目标。用新鲜萝卜丝、辣椒、洋葱、芝麻和野菜、蛋黄与拌饭专用辣椒酱一同做成的石锅拌饭色香味俱全，颇受喜爱韩餐的游客欢迎，而来自全州石锅拌饭创始大本营的全州中央会馆，除了各种石锅拌饭外，也提供多种韩国传统美食和民俗酒品，是在明洞逛街之余品尝美味石锅拌饭的绝佳选择。

畅游韩国　首尔

60 百济参鸡汤
韩国人心中最正宗的参鸡汤

TIPS
首尔市中区明洞2街50-11　02-776-3267　乘地铁至明洞站下
★★★★

开业已有40余年的百济参鸡汤是韩国人心中最正宗的参鸡汤料理店，虽然传统韩国饮食理念中需要夏季进补，但由于参鸡汤的美味与营养，使得韩国人一年四季都会选择吃上一锅参鸡汤。正统的吃法是在参鸡汤端上桌后用筷子将鸡肉剖开，让鸡腹中填充的红枣、栗子、蒜头、糯米和吸满童子鸡精华的人参与汤汁混合，再开始食用。而在韩国人所笃信的"药食同源"饮食观念中，在炎热的夏季中午，不配辛辣，只搭配锦山的人参酒一起进补参鸡汤，是最好的饮食方法，这时逼出的汗可以调理虚弱的身体，提前为下半年的冬季做好准备。此外，百济参鸡汤店内的乌骨鸡参鸡汤更是被韩国人视为顶级的养生食品，绝对不可错过。

61 河东馆
老字号的美味牛高汤

TIPS
首尔市中区明洞1街10-4　02-776-5666　乘地铁至明洞站下
★★★★

创立于1939年的河东馆迄今已有70余年的历史，一直在首尔市内以经营牛杂汤的牛高汤而闻名，2007年由于首尔城市发展而搬来明洞的现址，立刻就成为了来明洞逛街购物的人们所喜爱的美味餐厅之一。在河东馆内可以品尝到用牛胸骨、牛腿骨和内脏放入大汤锅中熬煮而成的牛高汤，吃的时候将这香气浓郁的牛高汤淋在白米饭上，能使高汤继续保持原味精华，还可以加上一些萝卜泡菜，更是别有一番风味。

62 明洞Omonichibu
老字号的海鲜锅餐厅

TIPS
🏠 首尔市中区明洞2街32-8 ☎ 02-776-3896 🚇 乘地铁至明洞站下 ⭐⭐⭐⭐

开业至今已有半世纪之久的明洞Omonichibu是一家专营海鲜锅的老字号餐厅，在明洞Omonichibu可以品尝到各式海鲜食材做成的美味海鲜锅，不仅海鲜味道鲜美，其熬煮而成的汤也是美味可口，颇受韩国人喜爱，吸引了世界各地的游客在明洞观光购物之余专程来这里品尝美味的海鲜锅。

63 明洞圣堂
韩国天主教的标志建筑

TIPS
🏠 首尔市中区明洞2街1号 ☎ 02-774-3890 🚇 乘地铁至明洞站下 ⭐⭐⭐⭐

建于1898年的明洞圣堂的主体建筑为红色的石砖外墙和青绿色尖顶，是一幢全部采用石块建成的哥特式建筑。作为韩国天主教的标志建筑，历史悠久的明洞天主教堂同时也是韩国天主教的中心。明洞圣堂的钟塔高47米，游人不论身处明洞的什么地方，都可以清楚地看到这座高耸的尖顶钟塔，是明洞地区的标志建筑之一。穿过高耸的石柱和深邃的长廊进入教堂主殿后，可以感受到不同于殿外繁华闹市区的庄严氛围，圣母像下的点点烛光则显出神秘安详的宗教气氛，令人肃然起敬。每年的圣诞平安夜，明洞教堂都会举行子夜弥撒仪式，点缀教堂的霓虹灯火神秘而美丽，周末或假日还可以遇到浪漫的教堂婚礼，在一片祝福声中分享新人的快乐。

64 N首尔塔

可俯瞰首尔城市街景的观光塔

TIPS

🏠 首尔市龙山区龙山洞2街1-3　☎ 02-3455-9288　💰 7000韩元
🚇 乘地铁至明洞站下　⭐⭐⭐⭐

建于1975年的N首尔塔位于南山之巅,塔高236.7米,是首尔市区的制高点,也是该市的地标式建筑。这座高塔的独特之处,在于其灯光——那些适用于不同季节和不同活动要求的照明设备,给塔身笼罩上了一层绚丽的光芒,每晚7点至12点,还有6支探照灯在天空中拼出鲜花盛开的图案——"首尔之花",给首尔地区的市民们带来了视觉上的全新体验。

来到该塔的展望台可以360度一览首尔市区全景,看到那些错落有致的高楼大厦和奔腾而去的汉江。不过,最美的景观还是那些璀璨的夜景,从高楼大厦喷射的光线和展望台内优雅的灯光相呼应,演绎出一首浪漫的空中幻想曲。而位于展望台2层的"Shoking Edge"在连接展望窗的屋顶和地板部分都使用了30厘米宽的玻璃作为地板,让人头晕目眩,游客在展望台向外看风景的时候会感觉宛如漫步在云中一般;位于同一层的"天上卫生间"又是一道别样的风景,海拔400米,是首尔海拔最高的卫生间;数字展望台处拥有可以瞭望远方那无尽风光的高倍数望远镜。此外,N首尔塔内附设的儿童体验学习馆是孩子们最喜欢的乐园,泰迪熊博物馆、多媒体区是各有特色的旅游景点;天空咖啡店、露天啤酒店、东方楼、意大利西餐厅则是针对不同游客群体的休闲用餐场所。

65 轮中路

韩国最著名的赏樱景点之一

TIPS

🏠 首尔市永登浦区轮中路　🚇 乘地铁至汝矣渡口站下
⭐⭐⭐⭐

轮中路是韩国最著名的赏樱景点之一,在这里可以看到漫天飞舞的樱花,其浪漫华丽的氛围丝毫不逊色于日本的上野公园。漫步在轮中路上可以看到首尔汝矣岛上的一栋栋华美的建筑,无论是气势雄伟的国会议事堂,还是高耸入云的大韩生命63大厦都尽收眼底,游客们在这里可以尽情地以首尔繁华都市风貌为背景留下永久的影像视频。春天的轮中路是樱花绽放的时节,届时会举行盛大的樱花节活动,绯色的花海笼罩着道路两旁,两侧的树影下所有的空地都被早早瓜分一空——三五成群的朋友各自盘坐一片,觥筹交错,开怀畅饮,平时给人拘谨印象的韩国人此时也变得轻松逗趣,赏樱让所有人都放下疲惫,释放自我。与樱花节同时举办的还有多姿多彩的风俗活动,既有各国音乐人的精彩演出,也有各种令人垂涎三尺的风味小吃,而坐游船远距离观赏樱花则又是一种别有情趣的选择。夜间的轮中路会被璀璨的灯光所映照,颇有些火树银花不夜天的感觉。夏天的轮中路绿树成荫,给人以清凉的感觉;秋天则是树叶翩翩起舞的世界;到了寒冬,晶莹剔透的冰凌会将这里装点得美轮美奂。

66 南山公园
首尔市民最爱的休闲公园 玩

TIPS

🏠 首尔市中区会贤洞1街100-177 ☎ 02-3783-5924 🚇 乘地铁至明洞站下 ★★★★

位于首尔市中心的南山公园是该市最著名的旅游休闲公园，也是该市的标志性景点。这个公园的核心景点是海拔265米的南山，山上林木葱茏，鲜花盛开，古风建筑随处可见。南山居高临下，是古代首尔地区的防卫中心，现在还能在山上看到那些古老的军事建筑的遗迹。山上的烽火台布满青苔，这里就是古代朝鲜王国的士兵点起狼烟、保家卫国的地方。

南山公园内的景点众多，从山上望去，漫山松林犹如茫茫大海，山风吹过，其声如涛，沿着那一条条崎岖的小道漫步向前，可以感受到清幽淡雅的舒适氛围，这里绿树成荫、空气清新，仿佛置身乡村山野，令人感到格外惬意。乘坐著名的南山缆车可以把周边美景尽收眼底——随风摇摆的林海、远方那林立的高楼大厦，都是首尔的一道亮丽风景线。

公园内的景点众多，其中最具特色的当属韩屋村，那里都是传统朝鲜族的民居建筑，还有一个茶馆，里面供应山泉水和传统韩国茶，味道相当不错。公园内的海洋水族馆是了解各种海洋生物的好地方，五彩缤纷的珊瑚和在珊瑚间穿梭的鱼群令人目不暇接，而那些光怪陆离的水中生物更是令人惊叹大自然的神奇。这里还有安重根纪念馆，是纪念朝鲜的民族英雄安重根的地方，他是朝鲜半岛人民不屈的象征。山顶的八角亭是俯瞰首尔城市风光的最佳地点，在这里能够看到奔腾不息的汉江，大街小巷的车水马龙，在晴天是还能瞭望到那著名的"三八线"。

畅游韩国 · 首尔

67 大韩生命63大厦
韩国最高的大楼

TIPS
🏠 首尔市永登浦区汝矣岛洞60号 ☎02-789-5663 💰1万韩元
🚇 乘地铁至汝矣渡口站下 ★★★★★

大韩生命63大厦又被称为"生命大厦",分为地下3层与地上的60层,总高达264米,曾是亚洲第一高塔,至今仍是韩国最高的建筑,也是首尔的标志性建筑之一。位于有"韩国曼哈顿"之称的首尔汝矣岛上的这栋大厦,有着靓丽的外形,独特的双层反射玻璃外墙,在阳光的照射下会放射出璀璨的光芒,因而在世界上诸多造型新颖、高耸入云的摩天大楼中占有一席之地。大韩生命63大厦建于1985年,至今仍是引领韩国旅游休闲时尚的地方。在这里的地下水族馆里可以尽情地欣赏各种奇妙的海洋生物,无论是色彩鲜艳的热带鱼类,还是迅捷凶猛的各种鲨鱼,再到清透飘逸的水母,一个个水中精灵尽收眼底,而且这里还会上演多种精彩的表演,可感受人与动物最亲密的接触。大楼内还有令人震撼的IMAX电影院,在那里可以感受到当代影音技术带来的最新潮的视听效果,让感官获得难以言喻的刺激与新奇。大厦顶楼的展望台是俯瞰首尔风景,瞭望朝鲜半岛三千里如画江山的最佳地点,在这里可以看到首尔林立高楼、纵横大道、卧波长桥、百舸争流的壮观景象,而夜幕降临后,灯火辉煌的夜景更是流光溢彩,宛若点点繁星,在灯影交织中勾勒出无与伦比的汉江夜色。

68 汉江市民公园
首尔市内最大的休闲公园

TIPS
- 首尔市永登浦区汝矣岛洞汉江江畔 ☎02-3780-0701
- 乘地铁至汝矣渡口站下 ★★★★

　　汉江市民公园是首尔市内最大的休闲公园，它横跨汉江两岸，既有丰富多彩的人文景观，又有美轮美奂的自然风景，而且还有众多的娱乐休闲活动场所，是难得的综合性旅游场所。在这个公园里可以纵赏汉江两岸风景，侧耳倾听滔滔江水奔流之声，又可乘船游汉江，把沿岸风光尽收眼底。汉江市民公园内景点众多：汝矣岛上大厦林立，是首尔作为国际都市的象征；堤岛则是进行各种水上运动的好地方；其余的诸多景点中以广津渡口为首，包括蚕室、蚕院、盘浦、二村、汝杨花、望远、仙游岛、兰芝及江西等多个地区。这里又是首尔市民休闲健身的好地方，既有长跑健身的老人，又有骑自行车赏景的少男少女，而那些玩滑板、滑轮的年轻人也会在这里一展身手。篮球场与足球场则是体育爱好者挥洒汗水、显露技艺的好地方，劳累之余也能懒洋洋地躺在草地上享受阳光的轻抚。夜晚的汉江市民公园凉风习习，一对对情侣在此谈情说爱，在汉江两岸的璀璨霓虹灯光与满天繁星下，尽享浪漫温馨。

69 汉江
欣赏沿岸美景

TIPS
- 首尔市汝矣岛汝矣岛码头 开放时间:10:40—21:30 乘地铁至汝矣渡口站下 ★★★★★

　　驰名世界的汉江是韩国最大的河岸旅游景区，这里不但拥有众多的人工景点，还利用自然土壤和水生植物来净化水质，形成了一个具有清幽氛围的天然景观区。漫步在汉江的江畔，可以看到滔滔江水奔流而去，一座座造型优美的桥梁如同巨龙般横跨两岸，两岸林立的摩天大楼和繁华商圈都堪称是首尔的繁荣标志之一。而崭新的南岸新城更是充满时尚与现代元素，在一幢幢摩天大楼之中向游人展示着首尔现代化的都市景观和当代建筑文明的独特美感。在这里还可以骑行在专门修建的"自行车高速路"上，欣赏沿江地区的诸多美景。漫步在汉江沿岸的河滨公园里，可以感受到都市间难得的悠闲，秀美的园内景色又令人沉醉不已。也可以坐在露天咖啡馆里仰望天高云淡的碧空，侧耳倾听河水奔流的声音，一对对甜蜜的情侣和一个个散发着温馨气息的家庭，都能在这里找到属于自己的乐园。

　　入夜之后的汉江大桥更是光影闪烁，乘船夜游，欣赏美景之余，还可享用精致的茶点和自助餐，宛如在浪漫之都巴黎乘船游览塞纳河一般十足享受。

70 韩国整形街
韩国美颜美体的人造奇迹

TIPS
首尔市江南区新沙洞一带　乘地铁至狎鸥亭站下　★★★★

随着韩剧在各国的热播，剧中的俊男美女也吸引了世界各地人们的目光，而韩国的整形技术也因而揭开了自己神秘的面纱，吸引了世界各地的爱美之人专程前往韩国美体整容，日本甚至还有专供OL参加的"旅游整形团"。据统计，现今在韩国各地拥有500家整形医院，而其中超过200家开设在狎鸥亭一带，行走在这里的街道上，随时都可以抬头看到整形外科的招牌，令人不禁感慨整容美体行业独特的魅力。

71 岛山公园
美丽迷人的自然风光

TIPS
首尔市江南区新沙洞649-9
02-543-2558　乘地铁至狎鸥亭站下　★★★★

位于江南区的岛山公园风景优美怡人，漫步在公园内的林间小路，可沿途欣赏岛山公园的优美环境，感受休闲氛围。这座风景美丽迷人的公园是为纪念韩国独立运动家安昌浩而建的。由于安昌浩字"岛山"，因而公园被命名为"岛山公园"。在这里不仅立有安昌浩的铜像和语录碑，还设有一座岛山公园纪念馆，馆内展示了与安昌浩相关的70多幅图片、20多封书信、50余件文书等大量历史资料。

72 Rodeo Rode名店街

浏览沿街尊贵、时尚、奢华的名店

TIPS
首尔市江南区狎鸥亭洞　乘地铁至狎鸥亭站下　★★★★

由于狎鸥亭一带居住了众多韩国的演艺名人和社会名流，众多的奢侈品牌和国际名品也纷纷入驻Rodei Rode，形成了一条长700米左右的时尚名品街，沿街两侧林立着众多时尚简约的建筑，汇集了众多人们耳熟能详的世界名品。作为狎鸥亭一带的地标之一，The Galleria是全首尔第一家专卖各式名牌的百货店，分为欧陆式设计的名品馆和现代化设计的生活馆两部分，其宣传的时尚名流品位至今依然被作为Rodeo Rode名店街的第一指标。

73 国立中央博物馆

了解韩国的文化与历史

TIPS
首尔市龙山洞6街168-6　02-2077-9000　乘地铁至二村站下　★★★★

成立于1996年的国立中央博物馆其前身位于景福宫内的原朝鲜总督府的博物馆旧址，并在2005年迁往龙山的现址。重新对公众开放的国立中央博物馆规模庞大，拥有一座高3层的主建筑，周围湖水环绕，绿树林立。博物馆内一层为考古馆、历史馆；二层为美术馆Ⅰ和捐赠馆；三层为美术馆Ⅱ和亚洲馆，收藏有考古、历史、美术等各个领域约15万件珍稀物品，其中不乏珍贵的历史文物和艺术珍品。此外，国立中央博物馆内还设有企划展厅、儿童博物馆、露天展厅等设施，游人在此不仅可欣赏到各式珍贵文物和精美的艺术品，还可以清楚地了解韩国的文化与历史。

74 大韩剧场
韩国第一家电影院

TIPS
- 首尔市中区忠武路4街125-18
- 02-3393-3500
- 乘地铁至忠武路站下
- ★★★★

于1955年开业的大韩剧场是韩国第一家电影院，在韩国的电影史上拥有里程碑般的重要意义，在2001年大韩剧场经过装修后重新对外开放，11个放映厅和外面的厅廊装饰充满了摩登复古的风范，成为喜爱韩国电影的影迷不可错过的一处重要景点。此外，在大韩剧场周边还开有众多商店和小吃街，观影之余可以在这里购物、品尝美食，或是在半露天的咖啡座小憩片刻，与好友一同讨论之前的电影剧情。

75 韩国之家
体验正宗的韩国传统文化

TIPS
- 首尔市中区笔洞2街80-2
- 02-2266-9101转2
- 乘地铁至忠武路站下
- ★★★★★

忠武路地铁站不远处的韩国之家是体验正宗韩国传统饮食、文化、艺术、建筑和日常生活的绝佳选择，韩国之家曾经是旧时朝鲜王朝著名的"死六臣"之一朴彭年的宅邸。现今这处古老的宅院经过重新整修，作为传统韩国文化传承和发展的重要景点之一对游人开放。在这里，游人可以坐在韩式暖炕上享用正宗的韩定食，通过听雨定食、绿吟定食、闻香定食，以及神仙炉、九折板、烤鱼这三道宫廷宴会中必有的菜肴来感受独特的韩国正统宫廷饮食文化。此外，游人在韩国之家还可以欣赏宫廷舞蹈、凤山假面舞、古乐、打击乐或板索利吟唱等韩国传统表演。

76 南山谷韩屋村
古朴的传统韩屋

位于南山山麓的南山谷韩屋村拥有5座从首尔各地整体迁移来的传统韩式屋宇，游人甫一进入韩屋村的传统木制大门，就可以看到朝鲜王朝历史上的王亲贵胄、文武大臣和士大夫家，以及文人与普通百姓的宅邸，其中每一间都拥有百年以上的悠久历史和特殊价值，充满了古朴厚重的风韵。南山谷韩屋村除了众多古色古香的韩屋外，每到节假日还会在泉雨阁前广场举办各种传统民俗表演，游人可以穿上正宗的韩服一起参加传统韩国婚礼仪式，感受热闹的庆祝气氛，逢年过节还可以观看朴永孝家院落举行的各种庆祝活动，不仅观光游客，一般韩国百姓也经常专程前来观看。此外，由裴勇俊主演的韩国电影《丑闻》也曾经在韩屋村内拍摄取景，吸引了众多裴勇俊的FANS慕名前来，在电影中出现的韩屋场景回味片中的情节。

TIPS
🏠 首尔市中区笔洞2街84-1　☎ 02-2266-6923　🚇 乘地铁至忠武路站下　★★★★

77 威斯汀朝鲜酒店
朝鲜别宫改建的饭店

住

TIPS
首尔市中区小公洞87号　02-771-0550　乘地铁至乙支路入口站下　★★★★

位于首尔小公洞的威斯汀朝鲜酒店，前身是建于1914年的朝鲜李朝末代君主的别宫。威斯汀酒店内最吸引客人的就是酒店内的天国寺等历史古迹，是韩国最具历史传统的一家酒店。威斯汀店内还有一间富有爱尔兰风情的酒吧O'Kims，以及7家提供不同风味料理的餐厅。此外，值得一提的是，由于酒店内共有客房453间，每间客房除了奢华装饰外都配有享誉全球的天堂之床——Heavenly Bed，带给入住的客人绝佳的舒适体验。

78 干鳕鱼汤Kol
鳕鱼干熬成的汤

吃

TIPS
首尔市中区茶洞173号　02-777-3891　乘地铁至乙支路入口站下　★★★★

开业于1968年的干鳕鱼汤Kol迄今已有半个多世纪的历史，但客人走入店内就会发现，菜单上依旧只有干鳕鱼汤定食可以选择，用两种鳕鱼干经过12小时熬煮而成的干鳕鱼汤端上桌时依旧热气腾腾，口感清爽，吃的时候可以加入辣椒酱和泡菜，该汤不仅含有丰富的胶原蛋白，而且别有一番风味。

79 梨泰院伊斯兰寺院
首尔市内的伊斯兰风情

赏

位于梨泰院的伊斯兰寺院是首尔知名的观光景点之一，由于伊斯兰寺院在韩国颇为少见，因而整座寺院在周围的建筑映衬下，散发出了浓郁的异国风情。此外，在伊斯兰寺院周围还有众多异国风味的餐厅，如土耳其餐厅、印度餐厅、阿拉伯餐厅，让游人在参观完阿拉伯风格的寺院后，还可以品尝口味独特的异国美食。

TIPS
首尔市龙山区汉南洞732-21　02-793-6908　乘地铁至梨泰院站下　★★★★

80 梨泰院市场
物美价廉的市场

TIPS
- 首尔市龙山区梨泰院洞
- 乘地铁在梨泰院站4号出口出站步行5分钟
- ★★★★

梨泰院大街不远处的梨泰院市场以经营价格低廉的旅行纪念品、手工艺品和皮具用品的商铺为主,其中1st Avenue是这里最具人气的一家高级皮具店,并提供皮衣量身定制的服务,甚至有外国客人专程光顾。此外,在梨泰院市场内还开有多家美味的餐厅,餐厅装饰多为异国风味,颇具特色。

81 田舍之食卓
品尝韩国乡土料理

TIPS
- 首尔市龙山区汉南2洞738-16
- 02-793-5390
- 乘地铁在梨泰院站2号出口出站步行10分钟
- ★★★★

开业已有20余年历史的田舍之食卓在明洞和狎鸥亭都开有分店,店内的料理继承了韩国菜大量前菜的传统,超过30款用山菜、渍物、泡菜、肉类、海产品等做成的前菜摆在桌上蔚为壮观。据说这些菜的原料全部都是店主亲自从韩国乡村采购而来,绝对健康、新鲜,因而颇受都市人的欢迎,甚至全智贤、宋慧乔和元彬、金喜善等韩国明星都是这家店的常客,是品尝正宗韩国乡土料理的最佳选择。

82 青纱草笼
欣赏民俗表演的餐厅

TIPS
🏠 首尔市龙山区汉南2洞738-34 ☎ 02-794-1177 🚇 乘地铁在梨泰院站2号出口出站步行15分钟 ★★★★

招待日本团体客人为主的青纱草笼是一家专营传统韩定食的餐厅,其建筑外观古色古香,充满古朴的韩国风情。在青纱草笼可以品尝拥有20余道菜式的高级韩定食,在就餐的同时还可以欣赏这里每天半小时的传统韩国歌舞表演,包括扇子舞、长鼓舞等。

83 Leeum美术馆
首尔最现代化的美术馆

TIPS
🏠 首尔市龙山区汉南洞747-18 💰 1万韩元 🚇 乘地铁在汉江镇站1号出口出站步行5分钟 ★★★★

2005年开幕的Leeum美术馆隶属于三星集团,由Mario Botta、Jean Novel和Rem Koolhaas共同设计建造,共分为三座独立展馆,分别呈现不同的设计风格,是首尔市内最具时尚风情的现代化美术馆。

在Leeum美术馆内分为常设展区和特别展区两部分,展示有从韩国各地收集而来的陶瓷、工艺品和书画等一万余间韩国传统艺术品,此外还有不同主题、一般为期3个月的特别展。

84 战争博物馆

了解韩国的军事历史

TIPS

首尔市龙山区龙山洞1街8　02-2269-5834　3000韩元　乘地铁在三角地站出站后步行10分钟即可到达 ★★★★

以战争为主题的战争博物馆开放于1994年，是韩国唯一一处综合战争史博物馆。博物馆内设有护国追悼室、战争历史室、韩国战争室、海外派兵室、军队发展室、大型装备室和露天展览场等主题区域，可了解从朝鲜半岛分为新罗、百济、高句丽三国时代直至现代所有韩国相关的战争历史。此外，在战争博物馆内除了各种图片和资料外，在博物馆外还展示有大量战斗机、坦克等，是军事爱好者必到之地。

85 货币金融博物馆

了解韩国的货币发展和现况

TIPS

首尔市中区南大门路3街110　031-759-4673　乘地铁在市政厅站7号出口出站后步行5分钟 ★★★★

货币金融博物馆位于首尔的南大门区域，是为了纪念韩国银行成立50周年而建。这里本来是日占时期的朝鲜银行本部，是一幢石砌的建筑物。博物馆内主要分为"我们的银行"、"货币的一生"、"货币与国家经济"、"货币广场"等四个部分。第一展区主要介绍了韩国银行50年来风风雨雨的历史，并且详细介绍了韩国金融业发展的过程。第二展区详细向人们介绍了货币从制作、发行到流通的全过程，并且教授大家如何识别伪钞。第三展区则是通过录像、模型、电脑游戏等方式介绍了货币在国家经济中所起的重要作用。第四展区则是这里最重要的部分，通过陈列韩国各个时代的货币和世界各地的珍稀货币，来向游客介绍货币的发展历史和蕴含其中的丰富文化。如果能在博物馆里好好逛一圈的话，一定会有很大的收获。

86 德寿宫石墙街 逛
首尔市区内最美的散步道

TIPS
🏠 首尔市中区德寿宫路 🚇 乘地铁至市政厅站下 ⭐★★★★

古老的德寿宫石墙街被公认为是首尔市区内最美的散步道之一,又是一条拥有无数胜景的美丽大街,吸引着世界各地的游客来此观景。德寿宫石墙街因著名的德寿宫而得名,那些巍峨的殿堂给这里带来了古朴的韵味和一层层淡淡的肃穆色彩。漫步在这条只有千余米长的大街上可以纵览身边王城的典雅景致,又可以遥望那些林立的高楼大厦,把首尔的古朴过去与繁华现代尽收眼底。德寿宫石墙街最具特色的地方是这里的人行道比车道还宽敞,所以是人们驻足观赏各色美景、用相机永久记录那一幕幕妙手偶得瞬间的好地方。春天,万物复苏,这里有着欣欣向荣的氛围;夏季可在浓密的树荫下聆听各色虫鸣所演奏的交响乐;秋季则是一年中最为华美的时节,环首四顾,到处是璀璨的枫红,金色的落叶铺盖在道路上,雅闲心境悠然而起;冬季,来到这寂静的大街上可以感受奇妙的无声世界。

87 德寿宫 赏
繁华闹市中的古老王宫

TIPS
🏠 首尔市中区亭洞5-1 ☎ 02-2022-0600 💰 1000韩元
🚇 乘地铁至市政厅站下 ★★★★★

历史悠久的德寿宫是朝鲜李氏王朝的别宫之一,它与周边的西式建筑并肩而立,形成了一种独特的美感。建于15世纪的德寿宫,具有古色古香的韵味,每一座殿堂都有着属于自己的故事与传说。从大汉门处迈步进入,首先看到的是宽阔的禁川桥,然后就是雕梁画栋的中和殿,殿内外有明显的新旧痕迹,充分说明了其古老的历史。即祚堂是这里的核心建筑,是光海君和仁祖两位朝鲜国王即位的地方,殿前的匾额是朝鲜第一位皇帝高宗即位时所书,殿内的屋顶刻画着两条金龙,象征至高无上的王权。咸宁殿是高宗皇帝休息的地方,而石造殿则是朝鲜半岛上最早的欧式宫殿建筑,在这里可以深切地感受到东西方的文化交流与建筑艺术的融合。昔御堂是德寿宫内唯一的双层建筑,也是见证半岛风云变幻的重要场所。西欧风格的静观轩不但是朝鲜王室休闲放松的地方,其地下的通道还直接连往当时的俄罗斯使馆。现在的德寿宫还有卫兵换岗仪式,这个仪式忠实地再现了李氏王朝时期宫廷文化的原貌,规模宏大,吸引了无数来自世界各地的游客驻足观看。

88 德寿宫现代美术馆
世界级的艺术品展示 赏

TIPS
- 首尔市中区亭洞5-1
- 02-2022-0600
- 1000韩元
- 乘地铁至市政厅站下
- ★★★★★

位于德寿宫著名景观石造殿内的德寿宫现代美术馆是一处介绍朝鲜半岛近代美术艺术的专业美术馆。历史悠久的石造殿建于1900年，是一栋欧式风格的新古典主义建筑，最初曾是朝鲜国王的办公室及接待室，它见证了朝鲜半岛上的风风雨雨，既成为日本殖民时期的旧王室美术馆，也是"二战"后美苏共治时期委员会的办公场所，现在则一分为二，东侧是王宫宫内物品展览馆，西侧则是现代美术馆。这个美术馆内展示的画作风格多样，主要分成"抽象"、"表现"、"概念"等三个主题，不但有朝鲜传统绘画风格在时代冲击下的改变之作，也有诸多欧洲流派在半岛的传承与发展的画作，参观者在这里能欣赏到立体主义、几何学抽象、抒情抽象、野兽派、表现主义、抽象表现主义、概念美术、通俗艺术、后现代美术等贯穿整个20世纪的各种美术史潮流的作品。德寿宫现代美术馆还经常举行各种艺术展览，让首尔民众获得艺术之美的熏陶，因此也吸引了大量热爱美术的游人前往参观。

89 五福亭
美味的石锅拌饭 吃

TIPS
- 首尔市中区小门洞120-12
- 02-755-1551
- 乘地铁全市政厅站下
- ★★★★

于1970年开业的五福亭迄今已有40余年历史，是一家专营全州传统料理——全州石锅拌饭、全州豆芽汤饭、菜叶包饭的餐厅。其中最受客人欢迎的就是这里的石锅拌饭，在热腾腾的石锅上加入山药、银杏、栗子等多达15种不同食材，再将白饭倒入搅拌后食用，吃到最后，粘在石锅上的香喷喷的锅巴更是令人食指大动。

90 贞洞教会
朝鲜半岛上最早的基督教堂 赏

TIPS
- 首尔市中区贞洞34-3
- 乘地铁至市政厅站下
- ★★★★★

贞洞教会又名贞洞基督教堂，是朝鲜半岛上最早的基督教堂，也是韩国政府指定的历史遗迹旅游景点，教堂的建造者不但在1889年发行了韩国国内最早的月刊杂志《教会》，其所设立的暑期圣经学校也是韩国最早的现代宗教学校。这座建于19世纪末的教堂是一栋肃穆的哥特式建筑，剑指蓝天的塔楼是它最为醒目的景点，而那些红色的砖墙又有着北美地区基督教建筑的特点。漫步在庄严肃穆的教堂正殿内，阳光从高大的玻璃彩窗中映射进来，这里更显得璀璨无比，形态优美、巨大的管风琴则会奏响那空灵无比的圣歌，教堂内的Appenzeller牧师的半身像是为了纪念这位建造者的光辉事迹。教堂内除了拥有令人感慨万千的人文景点外，还有着美轮美奂的自然景观，到了秋季可以仰望天高云淡的碧空，也能环视落英缤纷的庭院，每当微风吹拂之时，叶片就会在空中翩翩起舞，此情此景令人沉醉。

91 首尔市政厅 赏
宏伟的文艺复兴式建筑

92 首尔广场 逛
首尔市民重大集会的广场

TIPS
🏠 首尔市中区太平路1街市厅前　🚇 乘地铁至市政厅站下
⭐★★★★

位于首尔市政厅前的首尔广场，在2002年世界杯时曾聚集了数十万韩国街头拉拉队，一时间吸引了全世界的瞩目。世界杯后，在2004年经过重新整修的首尔广场则成为一座拥有大片草地和喷泉的城市广场，开放式椭圆形的首尔广场四周拥有可从花岗石地板下喷出华丽泉水的喷泉步道，环绕草坪设置了48盏照明灯，成为首尔市中心的重要景点之一。现今，首尔广场作为以市民为主角的街头文化活动举办场地，经常会有各种多姿多彩的文化艺术演出，知名的歌手和表演团体也会在这里表演，是领略首尔风情和城市文化的绝佳地点。

TIPS
🏠 首尔市中区太平路1街　☎ 02-731-6611　🚇 乘地铁至市政厅站下　⭐★★★★

建成于1926年的首尔市政厅是一座以文艺复兴时期样式为主、规模宏伟的建筑物。这里曾是首尔的市中心所在，现今依旧是首尔市政府处理日常行政事务的办公大楼。市政厅前拥有大片草地和喷泉。各种民主运动，乃至于2002年世界杯足球赛时，市政厅前的首尔都会聚集数十万首尔市民，气氛热烈，受到世界各国的瞩目。此外，市政厅外壁上的巨型圆时钟造型古典美观，每到正午12点时都会奏响钟声，配合着市政厅前的广场喷泉，演绎出精彩浪漫的喷泉美景，吸引了众多游人和情侣驻足观看。

93 首尔市立美术馆 〔赏〕
参观韩国现代艺术品

TIPS
 首尔市中区西小门37号　☎02-2124-8800　￥700韩元
🚇乘地铁至市政厅站下　★★★★

首尔市立美术馆位于著名的石墙街上，最初曾经是韩国大法院所在地，在21世纪初才被辟为美术馆。美术馆内共设有6个展室，分为常设展室、企划展室、特殊展室、雕刻展室等，是首尔市民欣赏艺术作品的一个重要场所。常设展室主要展示朝鲜半岛近现代的重要作品，其中既有展示三千里江山的景观画，也有表达朝鲜人民不屈不挠抗争的历史绘卷，还有描写当代韩国社会繁华风貌的图画。位于二楼的千镜子展室是最为特殊的一个展馆，室内的90多幅画作全是韩国最具代表性的女画家千镜子所作，其中既有画家早年留学期间创作的画卷，也有她的自画像、人物画、风景画等作品，在这里可以通过一幅幅精彩的画作了解这位女艺术家的生活经历。美术馆的地下室是著名的艺术体验空间，在这里可以欣赏电影、音乐会及各种戏剧表演艺术。

这是一栋历史悠久的建筑，但又有着时尚动感的一面，它的"光之墙壁"展，利用现代化的光影技术，把古老的房屋与时下流行的影视放映方式巧妙地融为一体，具有极强的艺术感染力。

94 世宗文化会馆 〔赏〕
首尔最大的艺术文化表演中心之一

TIPS
📍首尔市中区世宗路81-3　☎02-399-1111　🚇乘地铁至市政厅站下　★★★★

建于20世纪70年代的世宗文化会馆是首尔最大的艺术文化表演中心之一，在这里经常上演一幕幕精彩的戏剧及其他艺术表演。位于光华门地区的这个剧院，拥有多个功能厅，其中就有著名的大剧院。小剧场是上演各种先锋实验戏剧的地方，美术馆则是进行各种艺术品的展览。世宗文化会馆的主舞台——大剧场经过现代化改装，已拥有亚洲最大的管风琴和宽阔的舞台，能够让3000余名观众获得最好的视听享受，欣赏丰富多彩的舞台艺术，舞台可根据演出体裁及风格的不同而进行相应的调整，无论是音乐剧、话剧，还是舞蹈、电影，都不受限制，木质地板和墙壁就像是小提琴的共鸣箱一样，使乐队演奏的声音在厅内振动和回旋，余音袅袅。这里的设备也都是经过精心调配的，采用了一体化的先进照明设施，及适用于大型剧场的音响设备，是演出成功的有力保障，更使观众能够全身心地沉浸在表演者所营造出的梦幻氛围之中。世宗文化会馆的美术馆由主馆、别馆和新馆构成，是欣赏静态艺术的好地方。

95 乱打秀专用剧场
韩国最热门的新兴艺术表演剧场

TIPS
🏠 首尔市中区贞洞15-5　☎02-739-8288　🚇乘地铁至市政厅站下
⭐⭐⭐⭐⭐

乱打秀专用剧场是韩国时下最为流行的新兴艺术种类——乱打秀的表演场所，是一个感受朝鲜民族在现代文化的浪潮侵袭下用新兴的艺术手法展示其古老的民俗文化与独特幽默感的地方。乱打秀是一种大众化的先锋艺术，它在90分钟内将厨房内发生的各种故事用搞笑动作、音乐、特技、歌唱、灯光、魔术等艺术手法表现出来，是一个让人开怀大笑、放松身心的好地方。独特的乱打秀由五人进行表演：三名厨师与一名凶恶的经理，还有一名见习生用各种厨具表演出一幕幕令人喷饭的搞笑桥段，而表演中最精彩的一幕当然就是演员开始切菜耍特技的时候了，令人眼花缭乱的手法让台下的惊呼声及爆笑声连绵不绝。乱打秀还是一个互动性极强的表演节目，演员会从台上抛下彩球，被砸中者就会得到上台表演的机会。而观众参与的包饺子比赛则是令全场爆笑的桥段。

96 贞洞剧场
欣赏朝鲜民族的传统剧目

TIPS
🏠 首尔市中区贞洞8-11　☎02-751-1500　🚇乘地铁至市政厅站下
⭐⭐⭐⭐⭐

贞洞剧场是首尔市内最著名的朝鲜民族传统剧目的表演场所之一，也是韩国向外来游客介绍本国民俗文化的重要剧场——这里有多种语言的解说字幕，可方便外国游客更好地理解演出的内容。这个奇妙的剧场位于地下，它的上方是一个公园，剧场的外墙壁上还雕刻着以"行星的神话、游戏、传说"为主题的壁画，走入剧场内，可以看到一个专门介绍该剧院表演的剧目类型的展馆，那里还有张贴着新近演出曲目的宣传海报或节目介绍。这个剧院是由古老的园觉社改建而来的，本意是保护独特的新剧和清唱剧，其后又有长鼓舞、板索里、散调合奏、剑舞、扇子舞等多种独特的艺术节目上演，可使观众一一体会韩国传统艺术的精髓。贞洞剧场上演的"美笑"表演是一个融合了多种朝鲜民族曲艺精华的歌舞节目，而且又是一个互动性极强的艺术类型，观众不但能与表演者亲密接触，还能亲自上台一展技艺。来到贞洞剧场在欣赏完传统的笛乐独奏、伽倻琴、僧舞等表演曲目后可以上台与演员们交流感想、同舞同乐，并穿着朝鲜民族服装与演员们一起合影留念。

97 龙山电子商街 逛
首尔市内电子产品集散地

TIPS
📍首尔市龙山区汉江路2街 🚇乘地铁至龙山站下 ★★★★

　　毗邻地铁龙山站的龙山电子商街是一处专门经营各种数码电子产品的集散地，最初这里曾经是蔬果市场和海鲜市场，1987年首尔市区改造后成为现今的格局，并转型成为首尔市内最大的电子数码集散地。龙山电子商街共分为四条主要商业街，可以在这里买到电器材料、电脑硬件、软件、笔记本电脑、手机、数码相机、游戏机、家庭电器、音响、无线电等各种电子产品，深受韩国数码发烧友的喜爱。

98 I'PARK MALL 买
集多种元素于一身的电子商城

TIPS
📍首尔市龙山区汉江洞3街40-999 ☎02-2012-0101 🚇乘地铁在龙山站出站 ★★★★

　　I'PARK MALL位于以销售电子产品而闻名的龙山街区，这里集购物、娱乐、文化艺术、餐厅等元素于一体，由电子商城、餐饮城、影院、特展城和文化广场等部分组成，是整个东亚地区最大的复合型购物中心。在这里共有3600多个商铺，光是招牌就足够让人眼花缭乱了。

　　从地下3层到地上9层，各种各样的电子产品、服饰、生活用品、书籍、名牌精品等琳琅满目，人在里面逛久了很容易就迷路。此外，这里还有一处规模不小的IMAX影院，可以体验到刺激的3D画面。店里为了方便大量来自日本、中国等地的顾客，还特别提供日语、汉语、英语等咨询服务。

畅游韩国 首尔

99 罗阵商场
龙山电子广场最早的商场

TIPS
🏠 首尔市龙山区汉江洞2街　🚇 乘地铁在龙山站出站步行5分钟
★★★★

　　罗阵商场是整个龙山电子广场上最早的商场,可以说是这里的商场始祖。因此它也位于广场最宽阔最中心的位置。这里和其他商场不同,并不是高层建筑,而是一排3~4层的红砖小楼,小楼里面满满当当的都是一家家铺面,而且每幢楼的经营内容各不相同,如第10~15幢里就主要经营照明器具、专业摄影摄像和音响器材等,而17~20幢的2、3楼则以销售电脑配件及软件为主,是装机爱好者们的淘宝胜地。

　　除此之外,在罗阵商场内最常见的就是销售各式手机的小店,在这里手机种类齐全,任何最新式的机型总能第一时间出现在这里的商铺中,而相对便宜的价格也引得不少年轻人前来购买。

100 龙山总站商场
年轻人淘宝的好地方

　　龙山总站商场位于龙山电子广场上,是龙山比较早的商场之一,在它的附近很多都是在龙山历史悠久的商家。走进商场,里面的布局好似我国的电脑城,各个出售的电子数码产品的商家在这里设立柜台。

　　虽然近年来这里主流的店铺都移往了一路之隔的I'PARK MALL,但是还是有不少恋旧的商人留了下来,规模还是颇为可观。在这里可以买到手机、数码产品、电脑配件、游戏机、各种电子游戏等等,是年轻人来淘宝的大好地方。相对于市中心等地的大型超市而言,这里的货品价钱相对便宜,种类也很齐全。如果确有需要,这里是买数码产品的最好地方。

TIPS

🏠 首尔市龙山区汉江洞3街40-969　📞 02-712-0333　🚇 乘地铁在龙山站出站 ★★★★

101 龙山电子商场
可以和货品亲密接触的商场

　　龙山电子商场曾经是电子广场上最现代化、规模最大的商场,在这里拥有十分显赫的地位。虽然在I'PARK MALL开业后地位不在,但是依然以其独特的营销手法吸引到一批死忠顾客。

　　在这里各个商品不再是陈列在货柜中遥不可及,而是可以触摸、测试,顾客们还能和营业人员商谈,让他们协助自己选中意的商品。所有日常用的家用电器在这里都能见到。除此之外,2楼专营数码相机和专业音响,4楼和5楼分别主营电脑配件与手机等,而6楼还有一个设施先进的影院。不论是在这里购物还是休闲娱乐都相当合适,而且店家平易近人的销售风格也很受人们的喜欢。

TIPS

🏠 首尔市龙山区汉江洞3街16-9　📞 02-333-9933　🚇 乘地铁在龙山站出站步行5分钟 ★★★★

102 宣仁商场 买
电子广场上最大的电脑专营市场

TIPS
首尔市龙山区汉江洞2街16-1　02-712-0333　乘地铁在龙山站出站　★★★★

　　宣仁商场也是龙山电子广场上一处重要的购物中心。这里以专门经营各种电脑配件和整机为主，因此也被称作是电脑专门市场。

　　各种电脑零件都可以在这里直接买到，吸引了韩国的"攒机一族"。这家商场一直都是销售散件，因此没法像大型购物中心那样提供电脑整机的样品供人测试，所以来这里的都是一些对电脑比较懂行的人。

　　商场一楼主要出售电脑桌椅、复印纸、空白CD和DVD等，而2~3楼则像是一处零件工厂一般，各种配件琳琅满目。选购到中意的配件后还能由商家直接组装成整机，和我国各大电脑城的服务等几乎一样。而且这里货品的价格都很便宜，品质也很有保证，国内电脑发烧族有机会一定要来这里看看。

103 京东市场 逛
韩国最大的中药市场

TIPS
首尔市祭基洞京东市场　乘地铁至祭基洞站下　★★★★

　　位于祭基洞的京东市场是一处大型综合市场，韩国超过70%的中药材都在这里流通，在市场内转一圈，随处可以看到如当归、川芎、枸杞、黄芪、红枣、五加等各式各样的中药材，其中韩国特产的韩国人参更是必不可少，吸引了众多游人来这里选购。此外，由于韩国传统的饮食观念中提倡"药食同源"的饮食观念，因而在京东市场内除了各式中药材外，还可以买到几乎所有韩国料理所需要的食材和调味料等，非常方便。

畅游韩国 首尔

104 清溪川
首尔市最受欢迎的观光景点

TIPS
🏠 首尔市钟路区　☎ 02-3707-9453转4　🚇 乘地铁至钟阁站下
⭐⭐⭐⭐⭐

在首尔市区内蜿蜒流淌的清溪川在1950年开始逐渐被覆盖成为一条暗渠，20世纪70年代开始在暗渠上方修建了高速公路。在曾担任首尔市长的李明博大力推动下，清溪川开始恢复旧时的风貌，并于2005年9月正式完工，现今每天都有世界各地的游人慕名来到清溪川观光。在蜿蜒流淌的河道上共有22座年代不一、形态各异、拥有不同典故的桥梁，是首尔市内最受游人欢迎的观光景点。

105 永丰文库
韩国最大的综合性连锁书店

TIPS
🏠 首尔市钟路区瑞麟洞33号　☎ 02-399-5600　🚇 乘地铁至钟阁站下
⭐⭐⭐⭐

永丰文库是韩国最大的综合性连锁书店，尤其是位于首尔钟路区的总店更是文字爱好者的天堂，近千平方米的购书大厅宽敞明亮，设计装修东西合璧，浓郁的现代感中时时弥漫着淡淡的墨香，整体购书环境独特而又典雅。永丰文库是著名的综合性文化艺术中心，这里不但拥有上百万册的书籍，更有各种文具、唱片、电脑软件等周边产品，其差异化的销售策略正是这个书店的独特魅力之所在。永丰文库还有自己的网络销售体系，读者不但可以在电脑上精确地查找到自己所需的书籍，还能在第一时间获得该书店各种打折活动的详细信息。

106 教保文库 买
超大型书店

TIPS
🏠 首尔市钟路区钟路街1街1号 ☎ 02-1544-1900 🚇 乘地铁至钟阁站下 ✪ ★★★★

　　位于钟路区的教保文库总店是韩国最大的书店之一，每天都有成千上万的顾客来此选购自己需要的书籍。这座书店建立于1981年，是韩国当时最大的综合性图书零售中心。这里的书籍种类齐全，无论是人文社科类图书，还是各行各业的工具书，应有尽有。此外也有不少畅销的大众读物、旅游图书和流行小说等，种类非常齐全。这里更有各种流行韩剧的书籍和音像制品，游客可以自行选购那些脍炙人口的韩剧，体验席卷全亚洲的韩流的魅力。

　　这个书店内还会经常举行各种活动，既有优惠打折这种传统的促销手段，也有时下最为流行的作者签名售书等，而且这里每月都会举行和当月畅销书的作者面对面交流的读书交流会，更是吸引了无数书迷。书店内的各种周边产品也十分丰富，既有花样繁多的文具及办公用品，也有不同风格的唱片，供人任意试听。

107 普信阁 赏
首尔的标志性景点

TIPS
🏠 首尔市钟路区钟路2街45号 🚇 乘地铁至钟阁站下 ✪ ★★★★★

　　普信阁是首尔的标志性景点，它历经了朝鲜半岛上的风风雨雨。现今，则以浴火重生的姿态傲然屹立在首尔街头。这里本是古朝鲜的钟楼，起着报时作用，也是打开城门的信号，如今虽然主体建筑的外形有所改变，但其重要意义却未曾改变过。普信阁的老钟是韩国的重要文物，收藏在韩国国家博物馆内，是在20世纪80年代由韩国的民众募捐筑成的。

　　普信阁是一座仿古建筑，雕梁画栋的殿堂坐落在白色的月台之上，四周苍翠的树林掩映，有着古朴典雅的魅力。阁内那口悬挂着的灰黑色大钟是首尔人心中的悲怆与骄傲，也是该市古老文明传承的象征。这口大钟的独特之处在于它全年沉默，只在新年报时的那刻一鸣惊人，届时它将由当时的首尔市长亲自敲响，悠扬浑厚的33声巨响，来回飘荡在首尔上空，象征着辞旧迎新的美好开端与期盼幸福如意的心愿。

　　现在的普信阁又是一处充满着浪漫氛围的地方，一对对情侣在此留下甜蜜的回忆，来自世界各地的游客们也纷纷将在此的美好回忆记录下来。

108 韩国观光公社
全面了解如何在韩国观光

TIPS
🏠 首尔市中区清溪川路40号 ☎ 02-729-9497转499
🚇 乘地铁至钟阁站下 ★★★★

位于清溪川旁的韩国观光公社是一处免费向游人提供韩国各种旅游观光信息,并且游客可以免费索取旅游手册和地图等资料的地方。在韩国观光公社内设有咨询柜台,游人可以用英语或日语向工作人员咨询各种与旅游相关的问题,也可在另一侧的旅行社柜台预订韩国国内的机票、火车票,以及"乱打秀"演出的门票等,非常方便。此外,在韩国观光公社内游人还可以购买各种旅游纪念品,同时这里还对游客提供免费上网30分钟的服务,在播放韩国戏剧、音乐的影视娱乐空间还展示有众多韩国知名艺人的手印,游人可以通过感应触控的方式完成自己与明星合影的电脑照片,以此留念。

109 三星大楼
繁荣市中心的摩天大厦

TIPS
🏠 首尔市钟路区钟路2街1-1 🚇 乘地铁至钟阁站下 ★★★★

毗邻钟阁地铁站的三星大楼又名钟辂大厦,是一幢屹立在繁华闹市区中、高33层的摩天大厦。三星大楼的建筑外观颇具特色,从22层开始直到33层之间都是中空的空阁,仅以三根圆柱支撑第33层,其别具特色的建筑外观也吸引了众多的观光客纷纷拍照留念。

位于三星大楼33层的Top Cloud是韩国顶级的新罗酒店所经营的餐厅,Top Cloud分为Grill和Bar两个区域,两个区域之间有玻璃天桥相互连接,整个Top Cloud大厅高7.2米,四周是一圈360度环状的玻璃落地窗,游人在窗边可以一览首尔的城市街景,以及钟路和明洞等繁华闹市区。Top Cloud的Grill区西餐厅氛围典雅,拥有名厨料理,可品尝美味的西餐料理。而Bar区则分为现代时尚和沉静品位两处截然不同的区域,为人们提供了不同的选择,每到周末的鸡尾酒时尚时间更是一位难求,届时游人可以伴随着现场的演唱,欣赏周围的迷人夜景,惬意地度过一个轻松浪漫的夜晚。

110 清进屋
老字号的解酒汤专营店

　　开业于1937年的清进屋是首尔清进洞这条远近闻名的"解酒汤一条街"上第一家开业的解酒汤专营店。用牛骨和内脏炖煮后，加入豆芽等蔬菜和嫩滑的牛血，再将白饭泡在汤里做成的解酒汤味道鲜美。在韩国经常可以看到宿醉后的韩国人隔天早上吃一碗解酒汤解酒提神，而清进屋所在的清进洞也因为沿街众多经营解酒汤的店铺，而在每天早上都会迎来众多上班族，其陆续走入店中喝一碗解酒汤后再去上班的身影也成为清进洞的一大特色。韩国多家电视台的美食节目和杂志都曾经报道过清进屋这家解酒汤的创始店，而《我叫金三顺》和《布拉格恋人》等热播韩剧也曾经选择这里作为外景之一，这更是吸引了世界各地的众多韩剧FANS来这里一尝究竟。

TIPS
首尔市钟路区清进洞89号　02-735-1690　乘地铁至钟阁站下　★★★★

111 元祖奶奶鱿鱼中心
鱿鱼一条街的地神

TIPS
首尔市钟路区清进洞265号　02-734-1226　乘地铁至钟阁站下　★★★★

　　开业于1966年的元祖奶奶鱿鱼中心迄今已有近50年的历史，是一家在清进洞地区远近闻名的老字号鱿鱼店，其美味的鱿鱼料理也被赞誉为"鱿鱼一条街的地神"。韩国人由于习惯吃辣，经常将新鲜的鱿鱼切细后分段烫一下，再放入青菜、葱、蒜等热炒成一碗红彤彤的辣炒鱿鱼，之后再倒入白饭，拌入海苔、黄豆芽等小菜吃。元祖奶奶鱿鱼中心的辣炒鱿鱼，即使是吃惯辣的韩国人也经常会被辣到大口喝水，而那些慕名而来的外国观光客更是宁肯一直不停喝水，或是选择微辣口味，也要将这口感热辣的鱿鱼拌饭吃下肚去。

112 Sangsangmadang
培育首尔新锐艺术家的摇篮

　　2007年开业的Sangsangmadang是一处综合性文化大楼，其名称是韩文中"理想中的庭院"之意，其7层楼高的建筑外观颇为引人注目。Sangsangmadang中展示有大量韩国新锐艺术家的绘画、装饰艺术、现代设计、电影和影像等各种创意作品，被誉为"培育首尔新锐艺术家的摇篮"。此外，在Sangsangmadang中还有各种商场和咖啡厅，6层的商店内则拥有数千张音乐CD，客人可以选择喜欢的音乐试听。地下2层还有一处小型电影院，专门播放韩国新锐导演的电影作品。

TIPS
首尔市麻浦区西桥洞367-5　02-230-6223　乘地铁至弘大入口站下　★★★★

113 自由市场
周末举办的手工艺术家市集

TIPS
🏠 首尔市麻浦区西桥洞359号　🚇 乘地铁至弘大入口站下
⭐ ★★★★

位于弘益大学附近一处小型公园内的自由市场是首尔颇有名气的一处跳蚤市场，每个周末的中午都会有数十家经过注册的艺术家在这里摆摊做"业余商人"，他们经营的商品种类繁多，装饰品、服装、饰品、笔记绘本、书签、吊坠等都可以在这里寻觅到，其中大部分都是独一无二的手工艺术品，充满时尚的设计元素，是周末来弘益大学附近逛街时不可错过的一处创意市集。

114 Four Seasons House
韩剧"四季系列"的主题展示馆

由首尔市政厅与曾执导过"四季系列"的导演尹锡湖的制作公司Yoon's Color共同打造的Four Seasons House是一处以"四季系列"为主题的展览馆。Four Seasons House内被分隔成不同空间展示《春天华尔兹》、《冬季恋歌》、《蓝色生死恋》和《雪之女王》等韩剧的场景，地下室还有《春天华尔兹》中男女主角房间的拍摄场景，吸引了众多韩剧FANS来这里朝圣。此外，在Four Seasons House庭园内的花木之间，也有《冬季恋歌》中的雪人、室外长椅等拍摄道具出现，是FANS们绝对不可错过的地方。

TIPS
🏠 首尔市麻浦区山水洞86-10　📞 02-3141-9027　💰 5000韩元
🚇 乘地铁至弘大入口站下　⭐ ★★★★

115 咖啡王子1号店

《咖啡王子1号店》的拍摄地

TIPS

首尔市麻浦区西桥洞337-2　02-324-8085　乘地铁在弘大入口站4号出口出站后步行6分钟即可到达　★★★★

位于弘益大学附近的咖啡王子1号店前身是一家老旧的咖啡厅，由于被热播韩剧《咖啡王子1号店》选为拍摄地，根据剧情需要重新装修，剧组结束拍摄后的咖啡厅就以"100%实景摄影棚"作为噱头吸引了众多该剧FANS光顾，随着《咖啡王子1号店》的热映，更是成为热门观光地。

畅游韩国 · 首尔

116 Prince Edward SU KTV

超一流的KTV

以音响硬件设备和内部装饰豪华而闻名的SU KTV是一家在韩国拥有多家分店的大型连锁KTV，仅在弘益大学附近就开有3家分店，其中拥有20余间包厢，每间都有不同风格主题的Prince Edward SU KTV是最具人气的一家，在热播韩剧《我叫金三顺》一剧中也曾经出现Prince Edward SU KTV的身影，吸引众多哈韩族在这里一展歌喉之余拍照留念。

TIPS

首尔市麻浦区西桥洞364-24　02-336-2332　乘地铁在弘大入口站5号出口出站后步行10分钟即可到达　★★★★

117 弘益大学
韩国首屈一指的综合性大学

TIPS
📍 首尔市麻浦区　🚇 乘地铁至弘大入口站下

弘益大学建立于1946年,最初只设文学系与法学系。1955年时迁到了现在的校址。随着校园的扩建,逐渐开设了商经学部、教育学部、美术学部、工艺学部、建筑学部等,成为韩国首屈一指的综合性大学。其中尤其以美术系而著称,由于学美术的学生众多,使得弘益大学周边的街区也带有浓郁的艺术色彩,有很多公演场和展示馆,艺术爱好者也常常在这里展示自己的作品。

118 弘大酒吧街
年轻人喜爱的酒吧街 玩

弘大酒吧街上消遣的客人以年轻人为主，沿街林立着近百家大大小小的酒吧和DISCO以及PUB，其中最受欢迎的NB PUB甚至还可见到众多韩国知名的娱乐明星出入，颇具人气。每到夜幕降临，弘大酒吧街都是灯火辉煌，在这里可以伴随韵律十足的动感音乐尽情释放激情，让紧张工作一天的身心得以放松。

TIPS
 首尔市弘大对出卧牛山路 ★★★★

119 弘大未来路
女生喜爱的购物街 逛

TIPS
 乘地铁在弘大站5号出口出站 ★★★★

弘大未来路两侧林立的商铺多以女性消费者为主要客户群，每家店都将各种时尚女装摆在店外吸引顾客，此外还有一些精品文具店和饰品店，颇受年轻女性欢迎，是一条适合假日、周末寻宝的购物街。

120 新沙洞街路树街
欧陆异国风情的街道 逛

位于江南大路和狎鸥亭洞的新沙洞街路树街是一条充满浓郁欧陆风情的街道，沿街两侧栽植着银杏树，路旁随处可以看到两层的欧式住宅，这异国风情般的街道上还有许多装饰高雅的店面。午后漫步在这条林荫道上，不仅可以体验这里浓郁的欧式风情，也可以在各种店铺中寻找充满个性的商品，或是悠闲地坐在街边咖啡馆中，看着往来路人，细细品味在首尔这座快节奏大都市中难得的"慢活"理念。

TIPS
 首尔市江南大路和狎鸥亭洞之间 乘地铁至新沙站下 ★★★★

121 七乐赌场 玩
韩国最大规模的外国游客专用赌场

TIPS
🏠 首尔市江南区三成洞145号　☎02-3466-6100　🚇乘地铁至三成站下　⭐★★★★

　　开业于2006年的七乐赌场由韩国旅游发展局建立，是韩国规模最大，且专供外国游客的赌场。位于韩国贸易会议中心内的七乐赌场外观奢华，内部设计则充满韩国传统建筑元素，打造出了一种融合古老传统与现代韵味、略带神秘感的韩国赌场独有风格。在七乐赌场内拥有百家乐、比大小、21点、老虎机、轮盘等赌场常见的娱乐设施，上桌进行游戏的客人还可以免费享用三明治和饮料，并且柜台还提供外币兑换服务，非常方便，是一处可体验紧张刺激的娱乐场所。

122 奉恩寺 赏
幽静的古老寺院

TIPS
🏠 首尔市江南区三成洞73号　☎02-545-1448　🚇乘地铁至三成站下　⭐★★★★

　　毗邻COEX Mall的奉恩寺始建于新罗元圣王十年（794年），是一所由缘会国师所兴建的古老寺院。环境清幽的奉恩寺古朴庄严，寺内拥有超过20间规模不一的大小法殿、楼阁等建筑，寺院最深处还有一尊雄伟庄严的弥勒大佛石像，佛像前建有一座广场，可供信徒跪拜礼佛。作为韩国历史最悠久的古老寺院之一，现今奉恩寺内还保存有《华严经》、《金刚经》等多达3479个法经经版，每年农历九月初九这里都会举办与释迦牟尼四大派弟子一同顶经齐读的盛大庄严仪式，是一处沉静心灵的幽静古寺。

123 COEX Mall
超大型购物娱乐商城

TIPS
首尔市江南区三成洞159号　02-6002-5312转3　乘地铁至三成站下　★★★★★

总面积达12万平方米的COEX Mall是一处超大规模的复合式购物娱乐商城，游人在以流动河水为设计主题的COEX Mall内的游览路线也仿佛流动的河水一般，沿途会经过各条商业街。除了各种服装饰品、家居杂货外，这里还设有首尔最大的书店BANDI&LUNI'S、大型文具店LINK'O、MBC电玩节目摄影棚、MEGA BOX电影院、COEX水族馆和泡菜博物馆等，游人漫步其间宛若置身于一座游乐城一般，可尽情体验购物和休闲娱乐的快感。

124 COEX水族馆
韩国唯一的主题水族馆

TIPS
首尔市江南区三成洞159号　02-6002-6200　1.55万韩元　乘地铁至三成站下　★★★★

位于COEX Mall内的COEX水族馆是韩国唯一一座主题型水族馆，以"水中旅游"为游览主题的博物馆共拥有超过6000种、4万余只海洋生物，游人可顺着游览路线从浅水区到深海观赏不同的海洋生物，其中72米长的海底隧道最受游人欢迎。漫步在透明的海底隧道中，游人可以欣赏到各种海洋生物，甚至就连凶猛的鲨鱼也可以看到，如身处海底一般，周身全是五彩缤纷的热带鱼穿梭游动，宛若梦中世界一般。

畅游韩国·首尔

125 泡菜博物馆　赏
了解泡菜的历史

TIPS

首尔市江南区三成洞159号　02-6002-6456　3000韩元
乘地铁至三成站下　★★★★

毗邻MEGA BOX电影院的泡菜博物馆是一座以泡菜为展览主题的博物馆，在馆内游人可以通过韩国各地的瓮、石臼等泡菜制作工具了解泡菜的腌渍工艺和保存方法，同时还可以在试吃室内品尝各种泡菜、黄瓜和萝卜等，或是购买各式不同口味的泡菜。此外，泡菜博物馆内还通过各种资料和照片，让游人可以形象地了解泡菜的历史和种类等，是对被誉为"韩国国民饮食"——泡菜感兴趣的游人不可错过的一处博物馆。

126 华克山庄　住
韩国豪华星级酒店的标志之一

TIPS

首尔市广津区状洞21号　02-465-2222　乘地铁至广津站出站后换乘免费公交车即达　★★★★★

华克山庄是韩国豪华星级酒店的标志之一，这座装饰奢华的酒店前身为驻韩美军的娱乐场所，其名称也来自于朝鲜战场战死的美军华克中将，直到1963年，这里才被改建成为酒店。华克山庄除了豪华的装饰和美味饮食外，这里最吸引各国游人的就是酒店内设有全韩国规模最大的赌场，有百家乐、21点、比大小、吃角子老虎机等赌场常见的游乐设施，并且这里的服务人员也精通各国语言，吸引了来自世界各地的游客。此外，华克山庄的华丽歌舞表演也颇为有名，与丰富多彩的娱乐节目一同吸引了众多客人光顾，其可媲美世界闻名的拉斯维加斯各大赌场内的精彩表演，绝对不要错过。

127 乐天世界
韩国最大的主题游乐园

TIPS
🏠 首尔市松坡区蚕室洞40-1　☎ 02-411-2000　🎫 入场门票2.4万韩元，全票3.5万韩元，夜间入场门票2.1万韩元，全票2.6万韩元　🚇 乘地铁至蚕室站下　★★★★★

位于首尔市中心的乐天世界是韩国最大的主题公园，集吃喝玩乐于一体，是一座名副其实的城中之城。这里的娱乐活动多种多样，可以尽情地购物和品尝一道道具有韩国特色的风味佳肴，如果运气好的话还能看到影视作品的拍摄现场，目睹一股"韩流"的产生。乐天世界里的游乐设施种类繁多，既有惊险刺激的过山车，也有充满浪漫氛围的湖边小道，在这里还可以欣赏美妙的演出和激光艺术表演，而落差高达70余米的自然落体和旋转探险，则会带来令人惊奇的感受，高空飞翔和西班海盗船也是不容错过的好游戏。在这里还能体会到世界各地的民俗风情，那些将天地间的精华浓缩于方寸房屋中的景点也都是不可错过的。魔幻岛是一个极具特色的湖滨公园，在那里除了体验多姿多彩的水上娱乐外，还能欣赏奇妙的音乐与精彩的文艺演出。乐天世界的体育中心囊括了时下流行的各种体育娱乐休闲项目，溜冰场、游泳池、保龄球场、新型射击场等设施应有尽有，无论男女老幼都能在这里尽情地挥洒汗水。

128 乐天民俗饮食街
享受韩国各地的传统美食

TIPS
🏠 首尔市松坡区蚕室洞40-1　🚇 乘地铁至蚕室站下　★★★★

乐天民俗饮食街是乐天世界最为热闹的地方，这里汇聚了韩国的各种风味佳肴，还有世界各地的特色名菜。漫步在这里，空气中弥漫着淡淡的香味，令人食欲大增，街道两旁的朝鲜式房屋内的种种烹饪声不绝于耳，煎炸炒煮的声音汇聚一堂，宛如一首美妙动听的音乐。锅内的酱汤泡饭冒出阵阵香气，再配上独特的韩国米酒，实在是充饥消乏的最佳选择。独特的牛杂碎汤清香可口、味道醇正，而炖牛尾汤则是一道营养丰富、令人垂涎欲滴的美食。美食街内最著名的特色餐点当属韩国的泡菜炒饭，这种采用独特的韩国泡菜，并搭配上可口米饭的料理令人回味无穷，是一道深受爱吃、会吃的食客老饕们所追捧的佳肴。韩式泡菜是朝鲜半岛历史悠久的风味美食，上至朝鲜王室下到贩夫走卒，都对它赞不绝口，无数新兴菜里也有它的身影出现。乐天民俗饮食街内还有辣椒酱、烤沙参、韩定食、传统茶、烤肉等多种佳肴，供游客选择。

129 乐天世界溜冰场 玩
洋溢青春活力的溜冰场

TIPS
首尔市松坡区蚕室洞40-1　1.3万韩元，持乐天世界门票1.1万韩元　乘地铁至蚕室站下　★★★★

　　位于乐天世界地下三层的溜冰场是整个主题公园内最具青春活力的地方，这处充满时尚风范的场所也是诸多娱乐影视节目的外景地，运气好的话来到这里还能看到精彩的艺术表演。这个因韩剧《浪漫满屋》而为人熟知的溜冰场设备齐全，既能满足初学者的蹒跚挪步，也能让追求刺激的高手们获得围观者们的阵阵掌声。乐天世界溜冰场最为独特的地方是它虽作为地下溜冰场，却可以感受到柔和的自然光，这是因为它的顶部是乐天探险世界的玻璃屋顶，故令人有置身于天地间的感受；晚上这里会被乐天探险世界的璀璨灯光所笼罩，整个滑冰场沉浸在庆典的气氛中，颇有些如梦似幻的感觉。这里的设施齐全，来到这里的人们可以尽情地享受这项时下流行的运动，还可以看到别处不常见的各种花样玩法，那些令人啧啧称奇的动作在表演者的展示下显得是如此流畅和轻盈。乐天世界溜冰场还是年轻人约会、聚会的好场所，而且在一部部韩剧的铺垫下，这里的浪漫气息更是展露得淋漓尽致，因此无数情侣都在这里上演了属于自己的动人故事，将爱情的美感用独特的方式显现出来。

130 马罗尼尔公园 玩
艺术气息浓郁的公园

TIPS
首尔市钟路区东崇洞1-121　乘地铁至惠化站下　★★★★

　　毗邻地铁惠化站的马罗尼尔公园是1975年首尔大学从这一地区迁走后重新规划修建的一座广场，公园内拥有一株百年树龄的马罗尼尔树，又名七叶树，因而公园也以树命名。由于马罗尼尔公园毗邻韩国著名的韩国文化艺术振兴院、文艺振兴院艺术剧场、马罗尼尔美术馆、艺术会馆和made in 20 TTL半露天表演场等艺文胜地，故吸引了众多喜爱艺术的年轻人在此参观。游人在公园售票厅还可以领取各文艺演出剧场的表演信息，并且可以购买打折门票。每到周末，马罗尼尔公园内都有众多街头音乐、舞蹈或戏剧表演者在这里表演，而算命师和街头画家的摊位也是随处可见。此外首尔市民也经常在假日来到马罗尼尔公园观光聚会，欣赏各种文艺表演，是领略首尔街头文化艺术的绝佳去处。

131 乐天民俗博物馆 赏
了解韩国的历史与民俗

TIPS
 首尔市松坡区蚕室洞40-1 5000韩元 乘地铁至蚕室站下 ★★★★

乐天民俗博物馆是乐天世界内最具有文化气息的地方,这里不但展示了朝鲜半岛悠久的历史与文化,也见证着其作为东亚地区重要的政治军事文化交流中心所起的重要作用,是一个体验韩国传统文化和民俗的好地方。这里采用时下流行的展览方法,用通俗易懂的方式介绍了朝鲜半岛作为历史悠久的文明古国的成就,馆内不仅陈列着朝鲜半岛上各历史时期的珍贵文物,还有充满着田野风情的民俗画和风景画等艺术品,而馆内影像室的壁板上则悬挂着朝鲜半岛地图、白头山天池、银河系的星图等图案。在乐天民俗博物馆内,还可以看到传统的朝鲜民族的民间表演,感受那纯朴的民俗风情;史前陈列馆内最让人值得惊叹的是恐龙化石,而旧石器、新石器时代的人类所使用的物品则可以令人遥想那艰苦的岁月;游乐场里陈列着朝鲜半岛从高丽王朝到近现代使用过的武器和乐器。各式和谐温馨的小村庄模型组合则展示着韩国先人的生活风貌:既有求神祈福的场景,也有少年学习文化的课堂。壬辰倭乱馆讲述的是朝鲜半岛在古代抵抗日本侵略的历史事件,而馆内其民族英雄李舜臣将军杀敌的英勇场面,则带给游客亲临其境的真实感。

132 大学路 逛
首尔的文艺胜地

TIPS
 首尔市钟路区钟路5街79-1至惠化洞132 乘地铁至惠化站下 ★★★★

以小剧场表演闻名的大学路最初曾是首尔大学所在地,旧时这里作为大学生的聚集地,学生们的课外活动、文艺表演、示威抗议活动都以这里为中心,"大学路"的名字也由此诞生。大学路街上最引人注目的是1997年为世界戏剧节所摆放的街头雕塑作品,现今已经成为大学路的标志景点之一。沿街随处可以看到不同剧团的宣传海报和规模不一、上演不同戏剧节目的小剧场,此外街边还有众多咖啡馆,可供人小憩片刻,感受这里浓浓的艺术氛围和休闲气氛。

133 自由剧场
哈韩族喜爱的小剧场

娱

TIPS
首尔市钟路区东崇洞1-45 ☎02-738-8289 音乐剧4万韩元 乘地铁至惠化站下 ★★★★

作为首尔远近驰名的艺文胜地之一，自由剧场所在的大学路一带拥有数百家不同规模、风格各异的剧场，不论是可容纳上千人的场地，还是仅容纳数十人的迷你剧场，都可以在这里寻觅到，其中隶属于PMC制作公司的自由剧场可容纳约500名观众。由于PMC制作公司曾经制作过《大长今》等知名剧目，并且自由剧场也邀请韩国男子团体"神话"的成员Andy到剧场表演音乐剧，一时间这处规模不大的小剧场也成为哈韩族来首尔旅游不可错过的一处追星圣地。

134 广藏市场
感受首尔市民的传统生活

逛

TIPS
首尔市钟路区礼智洞6-1 ☎02-2267-0291 乘地铁至钟路5街站下 ★★★★

广藏市场是对首尔的市民阶层最具吸引力的一条购物街，历史悠久，兴盛于韩国经济开始腾飞的年代，因而紧跟着时尚潮流，逐步演变成为一个以韩国各地风味美食为卖点的综合性购物中心。步入广藏市场，游人就会被林立的店铺所吸引，因为这里是韩国国内规模最大的综合性市场，主要经营朝鲜族传统服装、西装、厨房用品及各种有趣的手工艺品，游客们可以选购自己需要的各种物品，那些琳琅满目的精品无论是馈赠亲友，还是留作纪念，都是绝佳的选择。

135 兄弟烤肉
40余年历史的烤肉店

TIPS
首尔市西大门区沧川洞31-26　02-365-0001转5　乘地铁至新村站下　★★★★

新村一带拥有众多的烤肉店，其中已有40余年历史的兄弟烤肉是知名度最高的一家老字号烤肉店。烤肉店规模颇大，5层楼的餐厅可同时容纳500多位客人就餐，并且提供桌椅或韩国传统的地炕供客人选择。由于新村一带的主要客户群体多是还在念书的学生，因此兄弟烤肉的价格相较餐厅的装修布置也并不昂贵，同时菜单都附有图片和英语、日语的解说，方便了众多来品尝美味烤肉的外国游客。

136 延世大学
韩国颇负盛名的高等学府

创立至今已有120余年历史的私立延世大学不仅是韩国颇负盛名的高等学府，同时在世界也颇为知名，学校内的医学院历史悠久，每年都是韩国考生报考志愿的大热门。风景

TIPS
首尔市西大门区新村洞134号　02-2123-2114　乘地铁至新村站下　★★★★

优美的延世大学占地96万平方米，校园内绿树成荫，环境清幽，吸引了众多影视剧的摄制组到这里拍摄外景，如全智贤的成名作《我的野蛮女友》、裴勇俊出演的《外出》等剧中都有延世大学的场景出现，吸引了众多哈韩族专程前来这里朝圣。

137 里门牛肉汤
百年历史的牛肉汤

TIPS
首尔市钟路区公平洞45号　02-733-6526　乘地铁至钟路站下　★★★★

历史悠久的里门牛肉汤已有百年历史，食客可以从餐厅墙上那些发黄的新闻剪报了解这家老字号餐厅的悠久历史。这里的牛肉汤是用牛肉和牛骨熬煮24小时制成，外观呈牛奶色，事先不加入任何调味料，端上桌后由客人根据自己口味加盐后即可食用。这里的牛肉汤不仅美味爽口，也可以把白饭放入汤中做成汤泡饭一起食用，别具一番风味。

138 北岳亭
韩国最具代表性的餐厅

TIPS
首尔市钟路区平仓洞114-12　02-394-2340　乘地铁至吉音站下　★★★★

被誉为"韩国最具代表性的餐厅"的北岳亭开业至今已有30年，这里环境幽雅，四周花园假山环绕，食客可以在这里品尝到店主用独门秘方提供给客人的韩式烤牛肉，而澳洲牛小排经过店主的秘传酱料腌渍后充满鲜甜与香气，令人闻之食指大动，吃下去后更是连声喊好。搭配餐厅提供的10余道小菜，令每一个来北岳亭的食客都是赞不绝口，回味无穷。

畅游韩国 · 首尔

139 梨花女子大学
韩国最著名的女子大学

TIPS
🏠 首尔市西大门区大岘洞11-1　☎ 02-3277-2114　🚇 乘地铁至梨大站下　★★★★

　　位于首尔市中心的梨花女子大学是韩国最早，也是最著名的女子大学。梨花女子大学校内至今仍保存着许多古老的建筑，是充满现代钢筋水泥建筑的大都市中难得的一处怀旧之地。由著名的明成王后在19世纪末创建的梨花女子大学不但是亚洲最早的女子大学，同时也是目前全世界规模最大的女子大学之一。这里拥有古老悠久的历史和风格高雅的石造建筑、古老的树木、绿油油的草地……校园内的每一处都透着清雅和宁静，是午后散步的好去处。

　　风光秀美的校园内最著名的建筑物当属古老的基督教堂Welch-Ryang Auditorium，它位于校园的入口处，典雅的西方建筑风格又有部分东方元素，具有独特的美感。梨花Campus Center是一座下沉式建筑，作为这里新时代的象征，它那独特的造型令人惊叹不已。巨大的图书馆是学生们汇集的地方，在这里可以充分感受梨大的智慧一面；与之相对的运动场则是女学生们充分展示青春活力的地方。

　　游人若要参观梨花女子大学，需要事先网络预约。从20世纪90年代开始，这里就提供在校生作为游人的向导，她们不仅带领人群更好地参观和了解这个学校，还会向来自世界各地的游客介绍这座著名学府的传统和生机勃勃的校园生活，以及学校不断发展变化的新面貌。

140 梨大前购物街 逛

最受年轻女性喜爱的购物街

TIPS

 首尔市西大门区梨花女子大学南门　 乘地铁在梨大站2号、3号出口出站　★★★★

　　在梨花女子大学南门处有一条大街，因为临近女子大学，慢慢地就在街上汇集了很多面向这些18-23岁年轻女生的精品店、小吃店、服装店等，直到现在已经发展成为在首尔家喻户晓的梨大前时尚购物街。

　　在这条大街上有着韩国第一家星巴克咖啡，还有MR PIZZA在韩国开的第一家分店。特别是在大街的各个胡同里，一片片的街店一眼望不到头，其中更是夹杂着很多个性化设计师小店，里面的物品时尚而又独特，每一件都是独一无二的艺术品，穿梭在这些窄窄的小巷子内，很有一种淘宝的感觉。

　　近年来，梨大前购物街的理念也在逐渐改变，大的综合型商场正在渐渐地取代那些小型的街店，在拓宽购物空间的同时也增加了顾客的选择余地。除了购物外，街上成片的美容院也是梨大前的一大景观，从这里就可以看出现今韩国人的流行趋势，是复古风还是另类风，一眼就能看出。而且由于竞争激烈，价钱也相当便宜。此外，在这里还流行一种"翻新店"，穿旧的衣服或是鞋子在店主的巧手之下摇身一变，变成新潮的流行款式，既省钱又贴心，是大多数在校女大学生的最爱。

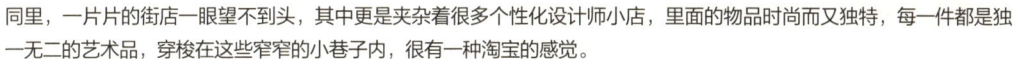

141 MiGO 吃
诱惑难挡的蛋糕店

不管是韩国还是日本中国,女孩子们都很喜欢吃甜品和蛋糕,经常会不顾身材的发胖而钻进蛋糕店大快朵颐一番。在梨大前购物街这样女孩子汇集的地方,好的甜品店自然是不可缺少的。MiGO就是这样一家知名的蛋糕咖啡店,店分上下两层,提供各种造型可爱、味道甜美的蛋糕和咖啡。这里的蛋糕全部都是由店里的蛋糕师傅手工制成的,味道和品种都迎合了年轻女孩的品位,包括造型甜美可人的草莓蛋糕,或是夹着浓郁奶酪的芝士蛋糕等。而且全部都是当天烘焙出来的,绝不隔夜,以确保蛋糕的新鲜。

这里的蛋糕个头都不是很大,在最大限度地考虑口感之后追求低脂肪和低热量,这样即使开怀大吃也不用担心体重会剧烈增加。除了蛋糕和咖啡外,在店里还会提供品种多样的欧式面包,包括德式和意式等等。这些面包也都是松软可口,香气宜人,吸引了来自世界各地的游客,他们都要买一点带回去享用。

TIPS
🏠 首尔市西大门区大岘洞37-71 ☎ 02-362-6971 🚇 乘地铁在梨大站2号、3号出口出站 ★★★★

142 Kosney 买
女孩子的购物天堂

Kosney位于在梨大前购物街最新崛起的大型综合超市merice的地下一层,来到附近一眼就能看到Kosney门前那巨大的粉红色高跟鞋模型。这里就是女孩子的天堂,在这儿能买到女生喜欢的各种生活饰品和时尚小装饰,还有文具、服装、生

活杂货等等,几乎涵括了女孩子生活的各个方面。色彩五颜六色,造型千奇百怪,有可爱型、现代型、新潮型、另类型等等。而且出人意料的是,不光有女学生在店里选购商品,甚至还有少部分男生也来这里采购,大概是为了送给他们心仪的女孩吧。

TIPS
🏠 首尔市西大门区大岘洞56-2 ☎ 02-365-9201 🚇 乘地铁在梨大站2号、3号出口出站后步行5分钟即可到达 ★★★★

143 Café Drama
可以模仿韩剧中场景的咖啡店

TIPS
🏠 首尔市西大门区大岘洞27-20地下1楼　📞 02-312-7748
⭐★★★★

位于梨大前购物街的一条深巷内的Café Drama是一家非常独特的咖啡店，虽然偏僻难找，但是这里客流如潮，非常火爆。这家店的经营者是位列韩国三大主流电视台之一的韩国文化电视台MBC。客人们在这里不仅能品尝味道正宗的咖啡，更可以对照着MBC所拍的电视剧来一场模仿秀。在这里准备了大量的电视剧里的服装，包括《大长今》、《宫—野蛮王妃》、《朱蒙》、《我叫金三顺》、《咖啡王子1号店》等热门剧集，顾客们可以选择自己最感兴趣的造型，在专业的造型师的帮助下把自己打造成电视剧里的人物，然后就能坐在镜头前拍一些属于自己的韩剧偶像照片。这一独特的构思立刻引来了世界各地的韩剧迷，他们纷纷到这里幻想着能进入所心仪的韩剧场景中，经历自己独创的剧情。

144 春川家辣炒鸡排
江原道的特色料理

TIPS
🏠 首尔市西大门区沧川洞57-8　📞 02-325-2361　🚇 乘地铁在新村站3号出口出站后步行5分钟即可到达　⭐★★★★

曾在热播韩剧《冬季恋歌》中出现过的辣炒鸡排是韩国江原道春川市一道已有30余年历史的特色料理，在铁盘锅上铺着高丽菜、芝麻叶和去骨鸡肉块，再根据个人口味的不同加入特调辣酱后在炭火炉上快炒做成的辣炒鸡排在首尔也是颇受欢迎的一道美食。

位于新村的春川家辣炒鸡排口味正宗，并且提供用绿芥末腌过的白萝卜片让食客包着鸡肉吃，最后再加入白饭和紫菜炒成一锅鸡肉炒菜饭，味美价廉的美味料理颇受附近年轻人欢迎。

145 DUCHAMP 吃
外观高贵典雅的蛋糕店

　　DUCHAMP位于江南区清潭洞，是一家大名鼎鼎的蛋糕专营店。远远看去，这里的装饰就好像一家名贵珠宝行一般，顶上一盏华丽的水晶吊灯将这里打扮得高贵而典雅。黑色的背景配上橘红色的灯光，把放在柜台中的蛋糕照得都像是一件件精美的艺术品一般。

　　在这里出售60多种花样的手制蛋糕，还提供各种巧克力、面包以及各式饮料。每种蛋糕都只放两三个，而且都起了相当美丽的名字，连包装用的纸盒都好像是名品店里出来的一样。此外，店里还总是回荡着法语广播的美妙声响，处处都透着高端洋气。自从热门韩剧《我叫金三顺》中出现了该店的场景后，这里愈加名声大噪，闻名海内外。

TIPS
🏠 首尔市江南区清潭洞117-9　☎ 02-3446-9007　🚇 乘地铁在狎鸥亭站2号出口出站　★★★★

146 龙水山
清淡爽口的开城风味料理 吃

龙水山是韩国数一数二的宫廷料理餐饮店,开张至今已经有30多年的历史,在韩国各地均有分店。这里的料理历史可以追溯到高丽王朝时期,当时王都开城作为政治和经济的中心,饮食文化也特别发达。

龙水山至今保留了原汁原味的开城风味料理。这里的料理以清爽和淡雅为主,一共提供7种韩定食套餐,从午餐套餐到由17种料理组成的石河山定食应有尽有。新鲜的开城野菜和朝鲜冷面等是其中最受人欢迎的菜式,餐后甚至还有开城甜瓜、糕点、应季水果等。这些菜肴大多味道清淡爽口,对于吃惯了大鱼大肉的城市人来说是很好的调剂,同时也能让人感受下古代王宫的精致美食。

TIPS
🏠 首尔市江南区清潭洞6 ☎ 02--546-0647 🚇 乘地铁在狎鸥亭站2号出口出站 ★★★★

147 SM娱乐经纪公司
韩国最大的"造星机器" 赏

TIPS
🏠 首尔市江南区狎鸥亭2洞521 🚇 乘地铁在狎鸥亭站2号出口出站 ★★★★

SM娱乐经纪公司又名星馆娱乐,是韩国国内最大的艺人企划和经纪公司之一,由韩国20世纪70年代的著名歌手李秀满在引退之后创办。

这里从来都走在演艺界的最前沿,发掘了不少现在大红大紫的明星。从过去的H.O.T.、S.E.S.、神话到现在的Boa、东方神起、少女时代、Super Junior等均是这家公司的旗下艺人团体。而且公司眼光独到,所推出的艺人均能红遍韩国。随着韩流热潮在世界范围内风行开来,SM娱乐也将公司的事业扩展到了全世界,目前和世界多地的娱乐公司都有业务联系。

虽然近年来SM的严厉风格引人非议,但是依然无法动摇他们在韩国国内的霸主地位,不少青年男女还是争相要加入这里来实现他们的明星梦。

畅游韩国 · 首尔

148 CAFFE' OASCUCCI狎鸥亭分店
口味独特的咖啡连锁店

CAFFE' PASCUCCI是和星巴克齐名的意大利咖啡连锁店,由于热门韩剧《天国的阶梯》和《美丽的日子》均在此取景,使得这里人气急升,不少追星族会特地选择剧中主人公的座位坐下,感受一下和电视剧中相同的场景。

TIPS
🏠 首尔市江南区新沙洞663-14 ☎ 02-3445-0408 🚇 乘地铁在狎鸥亭站2号出口出站 ★★★★

位于狎鸥亭的这家CAFFE' PASCUCCI的规模很大,是一幢3层高的大楼,内部装饰的主色调为红、白、黑三色,以其时尚感而颇为年轻人所青睐。这里的咖啡全都是自家研制,先将咖啡豆煲煮近50小时,令咖啡因蒸发掉。而且采用听声烘焙的办法,使得咖啡的味道尤为香浓。在这里可以喝到十几种浓度或加入了不同配料的咖啡,适合每个人的不同口味。

149 KyoChon炸鸡神话店
人气组合神话代言的炸鸡店

TIPS
🏠 首尔市江南区狎鸥亭2洞521 🚇 乘地铁在狎鸥亭站2号出口出站 ★★★★

KyoChon炸鸡店是韩国最知名的炸鸡连锁店之一,这里的炸鸡特点是外脆里嫩,鸡肉香酥而不油腻。其中最受好评的当属黄金鸡翅,这种鸡翅是先用特制的酱汁腌制后炸制而成,以其独特的滋味而备受青睐。甚至后来引来了不少知名的演艺明星的光顾。于是店家因势利导,和很多位演艺明星签下了代言合同。

比如位于狎鸥亭的这家KyoChon炸鸡分店还特地和韩国当红的演艺团体"神话"签约代言,不光在店名上有所改变,连店内都放满了和"神话"有关的物品和照片,追星族来到这里肯定会尖叫不已。所以一下子就吸引了不少"神话"的粉丝,使得店里的生意蒸蒸日上。

150 朴大监烧肉店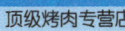
顶级烤肉专营店

TIPS

首尔市江南区清潭洞124-3 ☎02-545-7708 🚇乘地铁在清潭站9号出口出站步行10分钟 ★★★★

位于清潭洞的朴大监烧肉店是韩国顶级的韩牛烤肉专营店，这里24小时营业，随时随地都可以吃到上等的韩牛烧肉。

这里的牛肉都来自韩国全罗北道，产量稀少，味道首屈一指。因此价钱也都很贵，一般一人份的烤肉在4.2万韩元左右。但是绝对物有所值，一块块鲜红且纹路分明的牛肉经过烤制之后，散发着诱人的香味，油脂从肉上直滴下来，吃到嘴里更是入口即化，牛肉的鲜嫩和酱汁和谐地融合在一起，无论是谁都难挡这样的诱惑。

正因为如此，这里成为了韩国上流社会最喜欢的店家之一，很多知名的演艺明星都时常会来饱餐一顿。运气好的话说不定就能见到。

151 the Galleria
狎鸥亭最具人气的百货商店

TIPS

首尔市江南区狎鸥亭洞494 ☎02-3449-4114
🚇乘地铁在狎鸥亭站1号出口出站步行10分钟
★★★★

the Galleria可以说是狎鸥亭的地标之一，位于狎鸥亭最繁华的Rodeo Rode上，开了这条大街繁华商业区的先河。

the Galleria是韩国第一家知名品牌专营百货商店，外观设计十分独特，4000多片玻璃组成的鱼鳞般外墙面在阳光的照射下闪闪发光，看起来就好像一位衣着光鲜的贵妇人一样。这里按照主营的方向分为名品馆和生活馆两个部分。

其中名品馆可以说是引领韩国流行趋势的时尚中心，它总是比别人早一步引进国外最新的时尚或是季节性商品，在流行界独占鳌头。而生活馆则以现代化的设计装饰为主，在生活馆的地下还有出售葡萄酒、面包等各种食品的超市，在以名品为主的超市中显得颇具特色。

152 Walking Slowly
推崇慢节奏生活的饭店

首尔作为一座国际大都市，生活节奏非常快，人们总是急匆匆地行走在自己的路上。但是在岛山公园前却有着一家叫做Walking Slowly的饭店，正如其名，这里推崇一种放慢生活节奏，细细品味生活的态度。让人们从纷繁复杂的人生中解脱出来，放松自己的心态，活得更轻松一些。

TIPS
 首尔市江南区新沙洞631-34　02-515-8255　乘地铁在狎鸥亭站2号出口出站　★★★★

Walking Slowly的店内店外都设有座位，客人们可以按照自己的喜好选择露天或是室内，悠闲地享受这里的美食，体验这里的"Walking Slowly"的概念。另外，由于热播韩剧《我是金三顺》和《On Air》中都有这家饭店的场景，更使得这里声名鹊起，不少年轻人慕名而来，将这里"Walking Slowly"的理念带到了全国各地。

153 GORILLAIN THE KITCHEN
以健康和绿色为理念的餐厅

TIPS
首尔市江南区新沙洞650　02-3442-1688　乘地铁在狎鸥亭站2号出口出站　★★★★

GORILLA IN THE KITCHEN是一家位于岛山公园附近的西餐厅，是首尔第一家提出以健康、绿色等全新概念的餐厅。这家店是韩国最知名的影星之一裴勇俊开办的，一时间吸引了不少影迷前来。但是在店里完全没有任何和裴勇俊本人有关系的装饰或物品，完全由硬实力打出自己的名头。

这里饭菜的最大特色就是精心计算了其中含有的热量值，并且明确标识在菜单上。而且还用小标题告诉人们这些菜对治疗哪些疾病有好处。此外，菜里几乎不含油，也不添加奶油或是黄油。这种纯天然绿色理念很快就深入人心，来自世界各地的游客几乎都会来尝试一下这里的健康食品。

154 Vanessa brune Outlet 买

法国知名品牌的直销店

TIPS

首尔市江南区狎鸥亭洞　乘地铁在狎鸥亭站3号出口出站步行10分钟　★★★★

Vanessa bruno Outlet是直接由法国Vanessa bruno品牌直接经营的名品折扣店，店前橱窗上贴着的大大的50%的标记十分显眼。卖场内云集了包括Vanessa Bruno、Jill Stuart、a.p.c等世界知名品牌的服装，因为都是曾经用于赞助的商品，所以要比别处整整便宜30%～50%，因此只要花上很少的钱就能买到和新品几乎无二的名牌服饰。

除了服装外，衣帽、首饰等打折品也都可以在这里买到。便宜的价钱、可靠的质量是Vanessa bruno Outlet招揽顾客的两大法宝，让原本高不可攀的世界名牌也可以进入寻常百姓家。

155 LINK'O 买

兼具销售和便利服务的文具及办公用品商场

TIPS

首尔市江南区三成洞159　02-6002-6710　乘地铁在三成站5号、6号出口出站　★★★★

LINK'O位于COEX Mall内，这里是韩国最大的文具及办公用品卖场，除了我们日常所能看到的笔、纸等办公用品外，还有各种OA工具，可以说是上班族们丰富他们装备的最好地方。当然这里不会仅仅卖这些东西，这里销售的货品种类繁多，除了那些外，甚至还有小型家电以及饮料杂货等销售，让人有一种"不愧是大型店家啊"的感觉。此外，店里还设有服务台，向有需要的人提供打印、复印、照片冲洗、刻章、翻译等服务，以快捷的服务给客人以便利，所以很受各方人士的欢迎。

KOREA GUIDE

Korea

畅游韩国 ❷

京畿道

京畿道有许多人文景观和自然景观，比如乌头山统一展望台、MBC大长今村、临津阁景区等都是大家喜爱的地方。另外，爱宝乐园也是一个非常好玩的地方，走进爱宝乐园一定会令您流连忘返，乐而不归。

打开京畿道！

❶ 印象

京畿道位于朝鲜半岛中西部，是韩国的一个道级行政区域。北与朝鲜隔三八线接壤，西临黄海（韩国附近海域被称为西海），与中国山东省隔海相望。韩国首都首尔（汉城）即位于该道。道厅所在地（首府）是水原市。最早使用"京畿"名称的是高丽显宗九年（1018）。高丽时期，京畿虽然被分为左右道，但朝鲜世宗时期形成了以汉阳为中心的与如今相同的京畿道形态。朝鲜战争以后，京畿道的一部分成为朝鲜的管辖区。地处长长地延伸在东北亚的朝鲜半岛中央地带的京畿道，在很长的一段时间里成为政治、经济、文化中心。京畿道四处分布着历史遗物及近现代史的遗迹。尤其是作为历经三国时代百济、高丽、朝鲜的千年都城，由来已久，至今留存着旧石器时代形成的部族国家的许多历史遗迹。目前，京畿道人口占全国人口的20%以上，在经济、社会中具有很大的影响力。

❷ 地理

京畿道东接江原道，南邻忠清南道和忠清北道，西临黄海的江华湾，北隔三八线望朝鲜、黄海南道和开城工业区。地势东高西低。沿海有金

浦、金泽等平原。汉江从东南向西北流贯全境。西部沉降式海岸，海湾、岛屿、半岛交叉。温带季风气候。降水沿海多于内陆。年温差较大，干湿季分明。

❸ 京畿道交通

京畿道是韩国最早的一条铁路京仁线和最早的一条高速公路京仁高速公路穿过的地区，属于首尔大都市圈和首都圈，与首尔特别市结成了紧密的关系，因之而其

交通较发达。其道路铺设率达到平均86.5 %，贯通首尔特别市的地铁在西南方向与国家铁道相接，经京畿道至天安市；向北则有一号线地铁连通到东豆川；三号线地铁向北通向高阳市；四号线向西南延长通至果川市、安山市；从水西至龙仁宝亭，则有盆唐线地铁经过。所以，首都圈地铁交通非常方便。利用平泽港的海运交通比重也较高。这是因为平泽港作为以首尔特别市为首的附近地区进出口等贸易的一个门户，发挥着重要的作用。京畿道的国际航空交通也非常发达。与韩国的门户仁川国际机场较近，第二座国际机场金浦国际机场也坐落在京畿道。

Bally、Burberry、CELINE、Dior、DKNY、Fendi、Gucci、MARC JACOBS、MaxMara等近144个品牌店入驻，从服装、鞋子、包到首饰配件、童装、厨房用品等一应俱全。1年 365天都可以低于原价25~65%折扣价购买到自己喜爱的名牌产品。因所售商品大部分是已上架1年多的过季商品，所以有很多商品会缺号。持从主页上打印的在线优惠券到咨询服务中心交换后，不仅购物优惠，在买餐点和饮料时也可享受优惠，为您打造一个完美的旅程。其实比起淘宝，骊州秀丽的景色更加迷人。购物的同时抱着欣赏美景的想法游览这里的话，心情会更加愉悦，收获也会更大。

❹ 京畿道购物

京畿道商业发达，购物场所非常多，在韩国经济上有举足轻重的地位。"骊州名牌折扣购物中心"是最有特色的购物场所之一。美国西蒙地产集团（SIMON PROPERTY GROUP）和新世界切尔西携手，合资建立的韩国首家国际名牌折扣购物中心，现有Armani、

❺ 京畿道住宿

京畿道各景点附近均有住宿地，拥有满足各种消费水平的游客的酒店，住宿资源非常丰富。五星级酒店价格一般在500～600元人民币，中等星级酒店价格一般在200～300元人民币。如果你想获得一个较低的折扣，还可以提前在网上预订。

01 乌头山统一展望台
韩国最西北的边界

位于朝鲜半岛南北分界线韩国一方的乌头山统一展望台地处韩国最西北的角落,与朝鲜相隔临津江,最近处只有400余米的距离,游人登上海拔118米的乌头山统一展望台,可以望见江对面神秘的朝鲜。乌头山统一展望台共分四层,其中一、二层是朝鲜人民服饰、日常用品和各种生活资料的展室,三、四层除了安置有高倍望远镜外,还可以通过这里播放的多媒体影片,从各角度全面了解朝鲜的情况。

TIPS
- 京畿道坡州市炭县面城东里659号　☏ 031-945-3171
- 2500韩元　从首尔乘火车至金村站下　★★★★★

02 板门店
朝鲜与韩国之间的非武装地带

位于北纬38度线上的板门店距离首尔约60公里,游人乘坐统一的观光公交车即可来到这处神秘的分界线。在板门店的展望台,游人可以看到北侧的板门阁和朝鲜一侧的景象,也可在当初朝鲜战争时韩国与朝鲜之间进行对谈的军事停战委员本会议场参观,这里至今依旧保持着当年的景象,室内正中的桌子上用麦克风为界将朝鲜半岛一分为二,游人则可以在这里双脚分别站在两国的领土上拍摄留念。此外,游览板门店的观光车还会带游人一路经过和平村、白杨树事件遗址等景点,是一次令人印象深刻的旅程。

TIPS
- 首尔以北60公里　02-777-6647(大韩旅行社)　从首尔乘旅行社指定观光公交车即达　★★★★★

03 临津阁景区
了解南北分离的沧桑历史

毗邻临津江的临津阁景区距离军事停战区约7公里,其前身是1972年韩国政府为抚慰因朝鲜战争背井离乡的百姓,而建立的临津阁与望拜坛,这里逐渐发展成为了临津阁风景区。在临津阁中游人可以通过各种史料和战争纪念物,如户外空地上停放的战斗机、坦克等了解朝鲜战争的历史。此外,临津阁景区还有一座1953年时朝韩两国为交换12773名战俘而修建的自由之桥,该桥与2009年6月才重新对公众展示的蒸汽火车头一同吸引了众多游人的目光,也让人更加了解朝鲜半岛上的沧桑历史。

TIPS
- 京畿道坡州市汶山邑马井里1325号
- 031-953-474
- 从首尔乘火车至临津江站下
- ★★★★★

畅游韩国 京畿道

04 MBC大长今村
《大长今》主题公园

TIPS
京畿道扬州市　031-849-5030　5000韩元　从政府公交车客运站乘301路公交车即达　★★★★★

位于首尔郊外的MBC大长今村是韩国MBC电视台为拍摄《大长今》而搭建的一处占地2000余平方米的场景,这里有一座仿建的昌德宫、御膳房、厨房、狱舍、大殿、太妃殿等剧中的主要场景都可以在这里看到。此外还有一条古色古香的仿古民间街道,忠实地为游人再现了15世纪时朝鲜王朝的风貌。在MBC大长今村内,《大长今》的FANS不仅可以在这里回味剧中每一处情节,还可以参与各式韩国传统文化体验活动,或购买各种纪念商品。

05 Heyri文化艺术村
绘画影像的艺术殿堂

TIPS
京畿道坡州市炭县面法兴里1652号　031-946-8551
乘地铁至合井站,出站后换乘2200、200路公交车即达
★★★★

位于京畿道坡州市的Heyri文化艺术村是一处绘画与影像的艺术殿堂,从1997年开始,当地政府就计划建造一处以"出版"为主题的"书籍村",而最终形成的却是一处吸引了众多作家、画家、雕刻家、摄影师、电影工作者、音乐家等文艺创作者的"文化艺术村"。在这里共拥有上百幢造型各异的建筑,每一幢建筑都有其独特的艺术主题,总计拥有30多个中小规模的博物馆、10余个艺术展示空间和100多个艺品商铺与不同主题的书店、工作室等,充满浓郁的艺术氛围,吸引了众多喜爱文艺的游人慕名而来。

06 爱宝乐园

充满欢笑声的大型游乐园

TIPS

- 京畿道龙仁市普谷面前岱里310
- 0231-320-9211
- 2.6万韩元
- 乘地铁至教大站出站后换乘1500路公交车即达，或乘国铁至水原站换乘66、6000路公交车也可到达
- ★★★★★

位于京畿道龙仁市的爱宝乐园已有近30年的历史，是一个包括动物园、游乐山、雪橇歌舞表演、大型购物场和植物园等设施的主题公园，其规模和游玩项目都在全世界各大主题公园中名列前茅，每年吸引了近千万来自世界各地的游客。爱宝乐园内的游乐项目丰富多彩，充满梦幻气息的城堡与拥有各种动物的动物园对每一个游人都拥有十足吸引力，而飞龙列车、哥伦布大探险、激流勇士、地球村、庆典火车、宇宙缆车、神秘鬼屋等游乐项目则更是令人大呼刺激，其中最受游人欢迎的就是拥有韩国最长轨道的超级过山车，其直线距离长达450米，可让人感受速度与激情带来的紧张刺激。

07 练武台射箭场

体验古代武士射箭之处

位于水原华城东端的东将台在旧时曾是指挥士兵训练的地方，与华城最东端苍龙门毗邻的东将台之间有公路穿越，附近丘陵环绕，腹地宽阔，是一处非常有利于防守的战略要地。现今这里依然保留了朝鲜王朝时的射箭场，游人可以在这里体验古代武士是如何射箭的。

TIPS

京畿道水原市练武台射箭场 031-225-8910 1000韩元 乘地铁至水原站，出站后换乘2、7、8、13路公交车至华城大门口下；或搭乘华城列车可达 ★★★★★

08 水原华城

建于18世纪的古城

始建于1794年的水原华城，最初的兴建目的是由于朝鲜王朝第22代正祖父亲被奸佞害死，正祖继位后寻找了全朝鲜风水最好的地方将其父亲安葬，并开始修建华城，曾计划迁都于此。拥有总长5.7公里城墙的水原华城占地130公顷，拥有48座由炮楼、楼台和城门组成的防御设施，以及富丽堂皇的行宫等建筑，其中华虹门和东北角楼之间还有水原川蜿蜒流过，构成了如画般美丽的古城风景。

TIPS

京畿道水原市 031-228-4675 1000韩元 乘地铁至水原站，出站后换乘2、7、8、13路公交车至华城大门口下 ★★★★★

09 八达门
雄伟的古城门 赏

　　八达门是水原华城的南门，其高约20米的城墙全部用石头砌成，并建有一座规模宏伟的双层楼阁，四周还有用砖砌成的半月形瓮城。随着城市的发展，现今八达门已经成为市区最繁华的地方，是世界各地游客参观水原华城的起点。

TIPS
京畿道水原市八达门　031-228-4675　乘地铁至水原站，出站后换乘2、7、8、13路公交车至华城大门口下
★★★★★

10 海刚陶瓷美术馆
韩国唯一的陶瓷美术馆 赏

　　为纪念海刚先生而创立的海刚陶瓷美术馆是韩国唯一的陶瓷美术馆，馆内展示有被誉为"韩国人间国宝"的海刚先生创作的陶器作品，吸引了众多游人慕名前来。海刚本名柳根滢，作为著名的陶器大师，他曾经花费多年心血苦心研究14世纪因战火影响而失传的高丽青瓷技术，并成功让其重现在世人面前，而高丽青瓷也以其优美的曲线、独特的装饰技法和迷人色泽令世人震惊。在海刚陶瓷美术馆内的一层展示有韩国陶瓷发展和各种陶瓷工艺品制作技术相关的资料，二层则展示了大量海刚先生的收藏品，在这里可观赏高丽青瓷、粉青沙器和李朝白瓷的发展过程。此外，美术馆内还附设有商品部，游人可以在这里选购各种精美的陶瓷工艺品。

TIPS
京畿道利川市新屯面水广里330-1　031-634-2266转7　2000韩元　从利川公交车总站乘114路公交车至水广里下
★★★★★

KOREA GUIDE

畅游韩国

Korea

③

江原道

江原道位于朝鲜半岛中部东侧，以太白山脉为中心，分为岭东和岭西。三八线几乎横贯该道中部。这里多奇峰异石，险滩峻壑，针叶林和阔叶林并存，旧寺庙也比较多，是不错的旅游观光胜地。

打开江原道!

1 印象

　　江原道位于朝鲜半岛中部东侧，首府位于春川。这里80%的地区被森林所覆盖，生产野菜和菌类植物。长白山的余脉从这里穿过，使得这里山地纵横，矿产资源丰富，自然环境优美，拥有五台山、雪岳山等风光旖旎的山峰。这里还拥有自己独特的文化艺术以及重要的民俗文化遗产。同时由于地处韩国最北方，所以有很多不错的滑雪场，是韩国的滑雪胜地之一。有着600多年悠久历史和传统文化的江原道，如今正在迎来它新的历史性的机遇——通过进一步的对外交往，向着国际化的道路迈出坚实的步伐。

3 气候

　　江原道处于季风气候带，岭西大陆地区属大陆性气候，四季温差显著，多严寒酷暑，沿海地区属于海洋性气候，温度变化不大。江原道冬季寒冷干燥，夏季受海洋性气候影响高温多雨，春秋两季以晴朗干燥天气为主。

2 地理

　　江原道地处朝鲜、韩国交界处，长白山余脉贯穿整个江原道。

4 江原道节日

太白山雪花节

　　时间：1月~2月

　　江原道是韩国最著名的雪国，太白山雪花节正是于此举办，这里位于韩国的最北端，每年降雪丰富。每到1月底、2月初的时候，就会举办著名的雪花节。届时会有包括雪雕大赛、太白山登山大会、雪地足球大赛、滑雪橇比赛等富有趣味的活动。同时还会有很多传统歌舞类的民俗演出。

江陵端午祭

　　时间：5月

　　江陵端午祭于江原道举办。每年5月端午节的时候，

江原道的江陵市都会举行盛大的祭祀典礼。除了被包括在国家文化遗产内的祭礼、巫祭、官奴假面戏、农乐竞赛、鹤山奥道戴歌谣等固定活动外,还有拔河、摔跤、荡秋千、射箭、投壶等民间体育活动。到了晚上则有烟火游戏、端午放灯等活动,可以说一整天都热闹非凡,是江原道一年之中最为热闹的时节。

❺ 江原道美食

由于太白山脉从北到南,将江原道一分为二,使得岭东和岭西的气候有很大的不同,因此当地的饮食习惯也有了较大的区别。东海岸盛产各种水产品,因此这里的海鲜、鱼类等料理相当知名。尤其以鳞蹄郡的冰鱼料理和东草大埔港的海鲜最为有名。而在西海岸,由于气候的原因,普遍以种植小麦、土豆、玉米等农作物为主。这里的荞麦面、年糕、杂谷饭等相当可口。野菜拌饭和草堂豆腐村是人们不可错过的精致美食。此外,首府春川还有知名的鸡排一条街,这里的鸡排都是使用特制的酱料,加上各色蔬菜而成,味道极具韩国特色,既香又美味,是来江原道旅游必品尝的美食。

❻ 江原道娱乐

位于韩国最北方的江原道,每到冬天,雪地活动就成为每一个来到这里的游客的主要游玩项目。平昌、春川等地都设有滑雪场,这里的雪场地形良好,设施齐全,可以开展包括滑雪、雪橇等多项活动,还可以享受在冰上垂钓的乐趣。此外,在知名韩剧《冬季恋歌》造成巨大的轰动后,来到江原道旅游的外国游客都将剧中主要的外景地列入自己的行程。而到了晚上,春川等市内的歌厅、酒吧等各色娱乐场所都开门营业,在这里人们可以尽情抒发自己的畅快情怀。

❼ 江原道购物

江原道盛产纯净的白土,用这种土制作的面膜等化妆品深受女性的喜爱,女性游客来到江原道最主要的购物目标就是这些优质的化妆品。其中春川的明洞是整个江原道最繁华的商业中心,这里商店林立、游人如织,在这里,各种来自世界各地的知名品牌商品都可以看到,还有很多韩国的传统土特产品也能买到,是人们前往江原道旅游的购物首选地。

01 统一公园 玩
韩国最著名的国防教育公园

TIPS

🏠 江原道江陵市　☎ 033-640-4469　💰 2000韩元　🚌 乘111、112、113路公交车至统一公园站下　★★★

　　统一公园是韩国最著名的国防教育公园。园区内占地面积最大的是统一安保展示馆，从一个侧面介绍了朝鲜战争的历史，并展出了韩国军队使用过的各种同时代的先进武器。舰艇展示馆则是介绍韩国海上力量的展厅，并向青少年和普通参观者普及海洋文化与军队文化。这里还有退役的驱逐舰"战北舰"可供参观，它有长达50多年的舰龄，是同型舰船中的佼佼者。

02 五台山 赏
韩国第一号名胜

TIPS

🏠 江原道江陵市　☎ 033-332-6417　🚌 乘地铁2号线至珍富站下，换乘前往五台山的公交车即可　★★★★

　　江陵市的五台山景区是朝鲜半岛上著名的山林景区，其山脚下的小山宛如一只展翅飞翔的青鹤，被称为"五台小金刚"，它有着秀美的风景，被韩国政府指定为第一号名胜。五台山地区有着幽静典雅的氛围，这里的山林苍翠欲滴，山间的大小河流奔腾不息，各种奇岩怪石、水池、瀑布等景点应有尽有，金刚门、醉仙岩、飞凤瀑布就是其中的杰出代表。金刚寺是这里最著名的景点，呈十字形的池塘十字沼令人赞叹不已，白马峰则是俯瞰景区全景的好地方。

03 真声博物馆 赏
展示伟大创造的博物馆

　　真声博物馆内介绍了留声机的演变历史，这里是纪念大发明家爱迪生的地方，也是展示诸多伟大创造的地方。虽然只是一座私人博物馆，但是馆内的收藏极为丰富，有藏品1600多种、4000余件，最珍贵的当属朝鲜半岛上最早的六台留声机中的一台——Phonograph与爱迪生发明的留声机原型"Tinfoil"的早期销售版原物。在真声博物馆内还能看到乐器的发展历史，各种影像播放工具的变迁，而爱迪生的亲笔信和其他遗物等都是难得一见的文物。

TIPS

🏠 江原道江陵市镜浦湖35-1　☎ 033-655-1130　💰 7000韩元　🚌 乘202路公交车至镜浦台站下　★★★★

04 草堂豆腐村 吃

韩国闻名的美味豆腐

TIPS
- 江原道江陵市草堂洞
- 乘230路市区公交车至终点站下
- ★★★★

江陵的豆腐在韩国颇为闻名，当地豆腐店都是用附近深海的洁净海水来凝固煮沸的豆浆，从而制作出略带一点咸味的美味海水豆腐。比一般豆腐略硬几分的海水豆腐作为江陵的名产之一颇受游客欢迎，一口咬下满嘴豆香，配上用豆腐未定型前最上层豆花制成的豆腐脑汤和泡菜一起吃，更是十足美味，一定不要错过。

05 正东津火车站 行

全球罕见的海滨火车站

TIPS
- 江原道江陵市南端
- 乘111、112、113路公交车至正东津站下
- ★★★

江陵市的正东津火车站是韩国风景最为优美的火车站，也是全球罕见的海滨火车站，更因其独特的地理位置而被收入世界吉尼斯纪录大全。这个火车站虽然规模不大，却有着如诗如画的自然风光和纯朴清新的环境氛围。游客们站在月台上就能看到那无边无际的浩瀚大海，还能望见一碧如洗的广袤天空，这种水天一色的壮观场面令人惊艳。在车站看海上日出也是别处难以获得的奇妙体验。附近的正东津海上公园风景优美，是不可错过的美景。

06 雪岳山 赏

朝鲜半岛上的名山

雄伟壮观的雪岳山是朝鲜半岛上的名山，这里风景优美，同时又是著名的冬季极限运动的圣地。海拔高达1700余米的大青峰是这里的主峰，这里山势巍峨险峻，岩石嶙峋，挺拔高峻，夏季凉爽，为避暑佳地，因此有着"韩国阿尔卑斯山"的美誉，其中的蔚山岩、卧仙岩、飞仙台、鬼面岩、金刚窟等风景区则是不可错过的胜景。雪岳山是当下流行的滑雪运动的胜地，游客们可以在这里尽显身手。这里还有可以强身健体的雪山温泉，可洗去身心的疲惫。

TIPS
- 江原道束草市雪岳洞
- 033-636-7700
- 2500韩元
- 乘3、7、7-1路公交车至雪岳山站下
- ★★★★★

畅游韩国 江原道

07 春川明洞 逛
春川地区最著名的购物圣地

TIPS
 江原道春川市昭阳洞　乘7、9、63、64、64-2路公交车至明洞入口站下　★★★★

春川明洞是春川地区最著名的购物圣地，这里街区众多，每一处都有着自己独特的魅力——既有大型的购物中心，也有独门独户的特色专营店，及电影院、剧院、夜总会等娱乐场所。春川辣炒鸡巷是品尝各种风味美食的好地方，漫步在这里会看到那些令人垂涎三尺的美味，尤其是辣炒鸡和荞麦面更是别处难以见到的佳肴。春川明洞中央市场主打民族服饰与中老年服装，而地下商店街则是深受年轻人欢迎的地方。

08 花津浦海滩 赏
充满浪漫氛围的海滩

TIPS
 江原道高城郡县内巨津邑　033-680-3352　乘1路公交车至大津高中站下　★★★★★

花津浦海滩是近年来新兴的一个海滨旅游景点，它是因为韩剧《蓝色生死恋》而走入人们视线的。这是一个充满着浪漫氛围的海滩，既有幽静典雅的风光与此起彼伏的波涛声，又可以在遥望那无边无际的海洋同时，将身心融入这壮丽的天地之中。走在那柔软的沙滩上，会听见奇异的沙沙声，因此这里也有着"响沙"的别称。花津浦海滩附近的景点众多，既有碧波荡漾的花津浦湖，也有见证朝鲜半岛风云变幻的历史展示馆，除此之外还有名人别墅、芦苇地、松林、奇山峻岭等景观。

09 雪岳水上乐园 玩
韩国最早的温泉娱乐场

雪岳水上乐园是位于雪岳山脚下的一处著名的主题公园。其吸引人之处在于园区内的温泉浴场，它是韩国最早的温泉娱乐场，拥有多种娱乐设施。这里的浴场全部采用天然的地下温泉水，有着强身健体等多种功能疗效。浴场中的水滑梯池漫长曲折，深受游客的好评；室内波浪池能够制造人工波浪，模拟天然河流奔腾之水的感觉。除此之外，这里还有男女混浴的恋人池、怪石嶙峋的岩石池、水流奔腾而下的瀑布池等露天的休闲温泉设施，而原林池、寝池、露天池、男女桑拿室等温泉设施也都是各有特色的沐浴区。

TIPS
 江原道束草市长沙洞24-1　033-635-7700　4.5万韩元　乘3路公交车至雪岳水上乐园站下　★★★★

10 南怡岛 赏
韩国新兴的情侣度假胜地

风景优美的南怡岛是江原道的名胜地，这里有着得天独厚的自然景观，是一处魅力无穷的景区，有研修教育场、野营露营场、游泳池，以及摩托艇、冲浪等诸多游乐设施。小岛的中央有一片广袤的草坪，那些苍翠欲滴的小草会随着清风微微摆动，四周则是郁郁葱葱的白桦、银杏树、枫树和松树等乔木组成的树林。这个小岛看似平淡无奇，但却因为韩剧《冬季恋歌》而声名大噪，新晋为韩国的情侣度假胜地，同时也是亲子旅游的好地方。

TIPS
 江原道春川市 031-582-5118 5000韩元 在加平渡口乘游船即达 ★★★★

11 雉岳山 赏
满山红叶的秋季美景

TIPS
 江原道原州市 033-732-5231 乘41、41-1路公交车至雉岳山站下 ★★★★

高大挺拔的雉岳山有着雄伟壮观的气势，这里的山谷幽深、峰峦雄峙、危崖耸立，好似鬼斧神工，还有古老的山城遗迹点缀其间。飞卢峰是这里的主峰，它有近1300米高，峭壁千仞，险峻无比。雉岳山的一大特点是这里有众多的寺庙，其中最著名的当属纪念古时学者耘谷元天锡的石逕寺，那里环境清幽，有着宁静典雅的氛围，而世尊台、万景台、门岩和子岩则亦是各有千秋的景点。

12 束草大浦港 逛
热闹的观光海滩

束草大浦港位于束草市的南部，除了拥有优美的自然风光外，还盛产各种味道鲜美的海鲜水产，而观光潜水艇场则是带领人们探寻神秘海底世界的地方。站在这里的海岸上，能够看到无边无际的海洋和一碧如洗的天空，还能遥望巍峨高耸的雪岳山，海面上那千帆并进的壮观景象则令人惊叹不已。到了夜间可以听见此起彼伏的波涛声，而远方的渔火则与星光闪烁的夜空慢慢地融为了一体。在束草大浦港还能品尝各种虾、贝、鱼类等海产，当地独特的烹饪方法亦会让人大饱口福。

TIPS
 江原道束草市大浦洞 033-635-2003 乘1、3、5、7、9路公交车至大浦港站下 ★★★★

KOREA GUIDE

Korea
畅游韩国 ④

釜山

釜山位于韩国首尔东南端,是韩国的第二大城市、泛太平洋物流中心,为著名深水良港,也是风景秀丽的海滨城市,城市中的温泉更是星罗棋布,每年吸引无数的世界游客光顾、度假、游览。

打开釜山!

1 印象

釜山位于韩国的东南端,是仅次于首尔的第二大城市,隔朝鲜海峡与日本的对马岛相望,是朝鲜半岛南部的门户。釜山地理位置优越,是韩国第一大天然良港。这里海岸线漫长,有优质的海滩和美丽的海景。城市周围则被连绵的群山所包围,美丽的山景和海景结合在一起,使得这里的景致更为迷人。釜山属海洋性气候,气候宜人,春秋两季尤其舒适,是旅游观光的最好季节。作为国际化的大都市,釜山是韩国对外交流的窗口,也是一座独具特色文化的国际性城市。

2 地理

海滨城市釜山地理位置优越,东滨朝鲜海峡与日本对马岛相望,西临洛东江,西北山地耸峙,南有群岛屏障,是一座天然良港,被誉为"朝鲜半岛的南部门户",同时也是韩国第二大城市。

3 气候

釜山属于温带海洋性气候,气候比较温和,年平均气温15℃。夏天凉爽宜人,冬天气候温暖,旅游的最好季节为春季和秋季。

❹ 釜山节日

广安里渔坊节

时间：4月

广安里渔坊节于釜山举办，是由原先的民乐洞海鲜街的民乐活鱼节、广安里海岸的庆典及南川樱花节合并而成。每年春季都会举行盛大的祈求渔民平安和丰收的传统民俗表演。白天，附近的鱼市和海水浴场中都会举行民俗活动表演，到了晚上则有在美丽的灯光映衬下的广安大桥美景。此外还会有精美的海鲜料理展览和品尝活动。每年都会吸引超过10万游客前来。

釜山电影节

时间：9月

釜山电影节创办于1996年，是韩国规模最大，也是在亚洲范围内最重要的一个电影节。每年9月至10月，来自亚洲各地的电影人都会汇聚釜山，献上自己最得意的作品，以期争夺该电影节的最高奖项——金浪潮奖。中国影片在釜山电影节中成绩优秀，曾经多次夺得最高大奖，展现了中国电影人在亚洲范围内的实力。

札嘎其节

时间：10月

札嘎其节于釜山举办。札嘎其市场是釜山乃至于整个东亚地区规模最大的渔业市场，每年10月，这里都会举行一年一度的札嘎其节。节日期间，市场会为人们准备丰富多彩的演出活动，其中还包括著名的烤龙筋和鲸肉干等各色美食佳肴和各种新鲜的海产品。人们在这里可以一饱眼福和口福，还能感受到釜山浓郁的大海文化。札嘎其节可以说是韩国最大的海产品节日庆典。

❺ 釜山交通

航空

釜山境内的釜山金海国际机场是韩国的第二大机场，是韩国南部的主要空中枢纽。这里开辟了多条国内外航班。国内线主要是与首尔对开的航班，几乎每个小时有两个航班，此外还有前往江陵、光州、济州、木浦、原州等地的线路。而国外线则有与中国北京、上海、青岛、沈阳以及日本东京、福冈、大阪，泰国的曼谷，美国的塞班岛等城市和旅游目的地间的航班。

铁路

在釜山广域市内主要有釜山站、釜田站、龟浦站和海云台站等多个火车站点，分别有东海南部线、京釜线、庆全线等铁道线路从这里经过。这里也是韩国重要的铁路运输枢纽之一，铁路四通八达，可以通至韩国各大城市，每年输送的人流量超过百万人次。

公路

围绕着釜山广域市的高速公路主要有京釜高速公路、中央高速公路、南海高速公路及其支线等几条，可

以从釜山乘长途公交车或者自驾直接前往首尔、晋州、大邱、春川、蔚山、大田等大城市。

船舶

釜山港是韩国最大的港口，这里和日本的大阪、神户、下关等港口都有对开的往返客船，人们可以乘渡轮前往上述城市。

地铁

目前釜山市内地铁有四条线路，由釜山交通公社主管运营。这四条线路互相交叉着贯穿整个城市，共计里程为109公里。其中地铁4号线是2010年底新通车的。四条主线及其支线延伸到釜山城市内各个主要场所，因其速度快、搭乘方便，深受人们欢迎。

公交车

釜山的公共交通也是相当便利，除了密布的公交车线路网之外，釜山还特别开辟了"市区游公交车"，这种环城公交车价格低廉，主要在釜山各个重要的旅游景点之间行驶，对于那些前来旅游的外地游客相当方便，同时车上还提供英语、日语、汉语的导游服务，即使是外国游客也可以自由来回。

出租车

釜山的出租车也很有特色，除了可以使用市内的"公交一卡通"卡之外，还有一种车顶上有海鸥标志的信息化出租车，这种出租车的车内安装有免费电话，拨通即可获得汉语、日语、英语、俄语、西班牙语、德语、法语共7种语言的同步翻译服务。同时该车的驾驶员也经过专业培训，对市内路线非常熟悉，虽然价格要比普通出租车贵，但是服务优良、节省时间，还是吸引了不少游客。

❻ 釜山美食

釜山环山围海，自然环境优越，因此也多出产各色山珍海鲜。釜山的生鱼片尤为知名，在市内著名的水产市场——札嘎其市场中，到处都是贩卖新鲜鱼贝的商铺。这里的生鱼片味道鲜美，令人回味无穷。还有海带和海蜇也是在韩国相当受欢迎的美食。釜山广域市内各地的风味小吃也是吸引游客的去处。此外，这里也是韩国烤牛排的发源地，其味道是最正宗的，是每个来釜山旅游的人绝不能错过的美食。

❼ 釜山购物

釜山作为一个国际化的大都市，市内有很多购物的大市场。若要购买海鲜，则可以去东南亚最大的鱼市札嘎其市场。若要购买土特产品，则可以去市内的富平市场。这座市场可以说是一个大杂烩，出售各种韩国传统的工艺制品和餐具等，其中韩服也是这里的拳头产品之一。还有附近的罐头市场，则是以出售各种罐装的韩国料理为主。除了这些市场外，在釜山市中心区还能看到不少出售流行商品和服饰的大型市场，主要有西面市场和南浦洞街，服务的对象主要以追求时尚的年轻人为主，出售的货品也以款式新潮的服装和饰物为主。

❽ 釜山娱乐

釜山的自然条件得天独厚，因此利用大海开辟了很多水上游乐场所，包括海云台海水游乐场和太宗台游园地、五六岛、闲丽海上国家公园等，这里有着漫长的海滩，清澈的海水，多种多样的游乐设施，可以容纳很多游客。此外，釜山也是一座拥有悠久历史的城市，如金井山城、梵鱼寺等历史古迹。釜山的温泉也很有名。这

里的温泉不是火山温泉，而是从花岗岩地层中涌出的，水温略低，但是水质细腻，且更为温和。其中富含各种矿物质和微量元素，对人体很有好处。此外，釜山的滑雪和高尔夫等体育运动也常令很多游客慕名而来。

01 龙头山公园
釜山最著名的公园　**玩**

位于釜山繁华市区内的龙头山公园是一个集旅游、休闲等多功能于一体的风景区。龙头山风景优美，山顶的釜山塔是这里的制高点，可以俯瞰市区的繁华景色，也能望见海天一色的风光，如果天气好，还能看到若隐若现的日本对马岛。每到夜幕降临，在这里能够把绚丽的城市夜景尽收眼底，炫目的蓝色灯光仿佛给这里增添了一层如梦似幻的浪漫色彩。龙头山公园内林木葱茏，繁花似锦，著名的李舜臣将军像也树立在这里。

TIPS
庆尚南道釜山市中区光复洞2街1-2　051-245-1066　3500韩元　乘地铁1号线至南浦洞站下　★★★★

02 太宗台
釜山的名胜古迹　**赏**

太宗台是釜山著名的名胜古迹，这里曾是新罗王国的太宗武烈王巡游之地，是著名的旅游景点。作为海岸边的一道亮丽风景线，那里怪石嶙峋、林木葱茏，有着卓越的自然风光。太宗台的灯塔本是为船舶指路照明之用，现在则是观望海滨美景的地方，在那里可以遥望远方的日本对马岛，纵览海天一色的壮丽风光。灯塔下方的神仙岩相传是仙人赏景的地方。在过去这里是举行祈祷仪式之处——祈求上天降雨，并驱除旱灾。

TIPS
庆尚南道釜山市影岛区东三洞　051-405-2004　600韩元　乘8、13、30、88、101路公交车至太宗台站下　★★★★

03 国际市场
釜山最著名的闹市区　**逛**

TIPS
庆尚南道釜山市中区新仓洞1-4街　051-245-7389　乘地铁1号线至南浦洞站下　★★★★

釜山的国际市场是该市最著名的商业区，这里的商品品种众多，价格不等，是淘宝购物的好地方。这里店铺众多，高楼大厦鳞次栉比，向四方延伸而去，是一处热闹非凡的商业街。国际市场的核心建筑是豪华壮观的国际大厦，里面品牌众多，是选购时尚服饰的好地方。漫步在国际市场内可以任意挑选服装、饰品以及各种日常用品，可以在货比三家之后选择最合适的商品。

04 南浦洞
釜山最繁华的街区之一 逛

南浦洞是釜山最为繁华的街区之一，店铺林立，还有众多的影院、酒吧和夜总会。作为著名的釜山电影节的举办地，每到盛会举办的时候，这里人潮涌动，五花八门的活动让人目不暇接，不但具有浓郁的文化艺术气息，还具备强烈的时代气息。PIFF广场位于南浦洞的中心地带，它与著名的好莱坞星光大道一样，上面印有获奖者与获奖电影的印迹。这里的电影院设施先进，装修豪华，用最好的影音效果带领观众进入那一个个梦幻的世界之中。

TIPS
 庆尚南道釜山市中区南浦洞 乘地铁1号线至南浦洞站下 ★★★★

05 西面
与明洞齐名的著名综合街区 逛

与首尔明洞齐名的西面是釜山地区最著名的综合性街区，这里集旅游、休闲、购物等多功能于一体，是逛街、淘宝的好地方。这里既有豪华大方的商业中心，也有古朴典雅的小型店铺，还有充满着浪漫氛围的咖啡屋和热闹喧嚣的酒吧。西面是购物胜地，各种知名品牌云集于此，而那些独特的手工艺品则令人眼花缭乱，各种服装、鞋类、首饰应有尽有。商业区内美食众多，各种风味佳肴亦是令人垂涎三尺。

TIPS
 庆尚南道釜山市镇区 乘地铁1号线至西面站下 ★★★★

畅游韩国 · 釜山

06 冬柏岛
风景优美的岛屿 赏

TIPS
- 庆尚南道釜山市海云台区中2洞 051-743-1974
- 乘地铁2号线至海云台站下 ★★★★

冬柏岛原本是釜山海滨一个风景优美的小岛，后来因为泥沙堆积而成为一个半岛。这里景色优美，2005年的APEC峰会就是在这里的世峰楼里举行的。这座半岛与陆地的连接处是一条狭窄的山道，颇有些"一夫当关，万夫莫开"的气势。世峰楼是这里最著名的景点，这座综合性的会议楼是一座融合了韩国传统建筑风格的现代化建筑，钢筋铁骨的架构上披上了一层典雅大方的外衣，楼内的巨型壁画是参加会议的各国首脑们身着韩式礼服的合影。

07 札嘎其市场
韩国最大的水产品市场 逛

札嘎其市场不但是釜山最大的商业市区，也是韩国最大的水产品市场。这个市场中出售的产品都是新鲜的水产品，值得一提的是，这里的销售员几乎都是女性，据说是因为朝鲜战争的缘故而流传下来的风俗。游客们在札嘎其市场内不但能买到新鲜的鱼虾、贝类等水产品，还能看到海带、海星。每年的10月，这里还会举办著名的札嘎其文化观光节，是韩国民俗文化的重要组成部分。

TIPS
- 庆尚南道釜山市中区南浦洞4街37-1 051-257-9003
- 乘地铁1号线至扎嘎其站下 ★★★★

08 五六岛
看日出最美的岛 赏

TIPS
- 庆尚南道釜山市南区龙湖2洞 051-746-4242 8000韩元 ★★★★

地处釜山前海太宗台东部海上的五六岛是一座由岩石组成的无人小岛，共分为原野岛、牡蛎岛、钻子岛、鹰岛、盾牌岛五座小岛，在退潮时则会有第六座无名小岛浮出水面，因而得名'"五六岛"。作为釜山门户的五六岛拥有美丽的海景，同时还是釜山沿海欣赏日出最美的海岛。

09 广安里
釜山著名的海滨浴场　赏

广安里是釜山著名的海滨浴场,这里景色优美,素以优质的海水著称。广安里海域内的海水都是净化过的,因此清澈透明,给人带来清新自然的感受。海滨浴场的露天舞台会举行各种精彩的表演,水面上自由驰骋的快艇会给人带来乘风破浪的刺激享受。现在,广安里最著名的景点当属那气势恢弘的跨海大桥,它是韩国第一座融合了艺术美感的大桥,它与附近的广安里白沙滩、海云台冬柏岛和迎月岭等景观绵亘连接,相得益彰,形成了一片宏大连绵、美丽动人的景点群。

TIPS
庆尚南道釜山市海云台区　乘地铁2号线至广安里站下
★★★

10 广安里大桥
韩国国内最大的车辆专用多层大桥　赏

广安里大桥是韩国国内最大的车辆专用多层大桥,自2003年1月广安里大桥开通以后,成为广安里海水浴场的一大景观。广安里大桥全长4.39公里,晚上8点,夜灯开放以后,桥身宛如一条火龙,景色十分壮观。

广安大桥也是韩国第一座具有艺术性造型美、顶尖照明设施的桥梁,依照星期、季节变换,多元灿烂的灯光呈现出缤纷的色彩照明,为釜山呈现出另一番崭新的面貌。白天的广安里大桥让来访的游客可以眺望到附近浑然天成的观光景观,夜晚则可以充分地感受到那种浪漫怡然自得的美丽夜间景致。

TIPS
釜山水营区广安洞广安里海水浴场前　乘坐地铁2号线在广安里站下车(5号出口),步行10分钟　★★★★

11 海云台
风景优美的海滨旅游区　赏

海云台是釜山一处风景优美的海滨旅游区,并因一部同名电影而声名大噪。漫步海滩上看着轻柔的海浪与附近秀美的风光,很难与电影中那波浪滔天的震撼景象联系起来,无边无际的大海给人们带来的是豁然开朗的感觉。海云台的海水清澈,白色的细沙柔软舒适,是进行沙滩足球等运动的好地方。每到夜幕降临,在岸边的"迎月之路"可以纵览美丽的海滨夜景。在这里举行的风筝比赛是韩国最著名的风筝节之一,每到佳节来临之际,漫天飞舞的风筝是这里最大的看点。

TIPS
庆尚南道釜山市海云台区　乘地铁2号线至海云台站　★★★

畅游韩国 · 釜山

12 梵鱼寺
历史悠久的古老寺庙 赏

TIPS
- 庆尚南道釜山市井区青龙洞546号　051-508-3122
- 1000韩元
- 乘地铁1号线至梵鱼寺站，后换乘90路公交车至梵鱼寺售票入口站下 ★★★★

　　古朴典雅的梵鱼寺是一座古老的寺庙，至今仍香火旺盛，是韩国的31座佛教本山之一。这座寺庙历史上曾经惨遭焚毁，现在的建筑是在18世纪初期重修的，被誉为朝鲜李朝时代宗教建筑艺术的巅峰之作。梵鱼寺的大雄宝殿典雅华美，是这里最著名的景点。这里雕梁画栋，又有各种精美的图案，手法细腻而华丽，是不可多得的杰作。寺内的三层石塔是重建前的遗留物。梵鱼寺风景秀美，四周是苍翠的树林，远端还有清澈的河流，颇有些幽静典雅的氛围。

13 釜山电影院
釜山电影节的新家 赏

TIPS
- 乘坐地铁2号线冬柏站（3号出口），步行10分钟 ★★★★

　　釜山电影院由著名的蓝天组事务所设计，它是釜山电影节的新家，这个创新的建筑结合开阔空间、文化项目、娱乐与技术于一体，以一种崭新的方式呈现。开幕当天电影院迎接了多达八百名的观众，这其中包括釜山市长、文化部长、体育部长和电影明星等。釜山国际电影节的上映电影、韩国国内外未上映电影和优秀艺术电影等，无论在什么时候都可以凭身份证在釜山电影院欣赏。

14 釜山水族馆 赏
韩国最大最尖端的水族馆

位于海云台海水浴场入口的釜山水族馆是韩国最大最尖端的水族馆。通过长80米，270度的海底通道水槽能观赏到350多种、3.5万多个各种深海鱼类、爬虫类等海洋生物，把神秘的海底世界呈现在眼前，令人耳目一新。

TIPS
釜山海云台区中1洞1411-4号　乘坐地铁2号线在海云台下车（3号出口），步行10分钟　成人1.5万韩元，青少年1.25万韩元，儿童1万韩元　平日（10:00—19:00），周末、节假日（09:00—21:00）★★★★

15 松亭海水浴场 玩
休闲娱乐的理想之选

经过弯弯曲曲的迎月岭，沿着海岸道路下去就能看到宽阔干净的松亭海水浴场。松亭海水浴场就像把小小珍珠铺在地上形成白色沙滩，美丽无比。海水浴场的周围有很多高级餐厅和普通餐厅，东北边的终端是有名的钓鱼场所。来此除了观景，休闲娱乐也不错。

TIPS
海云台区松亭洞　乘坐地铁2号线在海云台下车（7号出口），再乘100、100-1、139、142路公交车可达　★★★★

16 机张大边港 赏
以无腥味的生鳗鱼而闻名

机张大边港以鲜美而无腥味的生鳗鱼而闻名，每年4月、5月开办的机张鳗鱼大会上，可以以低廉的价格购买到各种水产品。

TIPS
乘坐地铁2号线在海云台下车（1号出口），再乘181路公交车（大边港下车）　★★★★

17 福泉洞古坟博物馆
以古代坟墓为主题的博物馆

福泉洞古坟博物馆以釜山最具代表性的古坟群——福泉洞古坟群为基础，向游客展示了从东莱区福泉洞北部的大炮山丘陵地带的古坟群里挖掘的各种文物和资料。博物馆内共分三个展厅，展示有上千件古坟群挖掘出土的文物，同时通过激光磁盘播放器、触屏、立体视觉等先进技术装备为游客提供全方位的讲解介绍。

TIPS
- 庆尚南道釜山市东莱区福泉洞50番地
- 051-554-4263转4
- 500韩元
- 乘地铁1号线至明伦洞站或东莱站换乘汽车即达
- ★★★

18 金井山城
美丽的自然风景和文化遗迹

海拔800米的金井山是釜山风景最优美、最壮观的名山，不仅有屏风岩、岩壁、大陆峰岩等有名的岩壁，吸引了众多攀岩登山爱好者前来，还以众多历史文化古迹而闻名。位于金井山上的金井山城是韩国现存规模最大的山城，城郭高1.5米～3米，有东、西、南、北四座城门，面积约8.2平方公里。

TIPS
- 庆尚南道釜山市金井区
- 051-519-4067
- 乘地铁1号线至温泉站，后换乘去山城的汽车即达
- ★★★★

19 国立庆州博物馆
韩国第二大博物馆

国立庆州博物馆是仅次于首尔博物馆的韩国第二大博物馆，主要以古代新罗王国的各种文物为主要展品，共计3万余件。这是一栋仿古建筑，两层高的主展馆再现了新罗时代石塔的典雅风貌。庆州博物馆内展出了从史前时代到高丽王朝成立时的诸多文物，其中最珍贵的当属从天马冢中发掘出来的新罗王冠与宝剑，还有三座艺术成就极高的铜佛。雁鸭池馆展出了各种生活用品，是了解古代朝鲜人民日常生活的地方。馆外悬挂的古朴大钟名为圣德大王钟，曾是韩国最大的铜钟，声音悠长悦耳。

TIPS
- 庆尚北道庆州市仁旺洞
- 054-740-7518
- 400韩元
- 乘10、11路公交车至国立庆州博物馆站下
- ★★★★★

20 釜山市立博物馆
了解釜山的历史 赏

　　釜山市立博物馆设有先史室、古坟遗物室、图词诗画寺、金属工艺室、釜山历史室等7个展示馆和特别展示室，博物馆收藏有土器、陶瓷、金属等总共9000多件文物供游人参观。此外在博物馆内还有复原的青瓦窑场瓦窑展示馆和各种石造物品展示馆，被誉为"一座记载了釜山城市历史的博物馆"。

TIPS
庆尚南道釜山市南区大渊4洞948-1　051-624-6341　500韩元　乘地铁1号线至佐川洞站换乘汽车即达　★★★★

21 忠烈祠
祭祀护国先烈牌位的地方 赏

TIPS
庆尚南道釜山市东莱区安乐洞838号　051-523-4223转4　200韩元　乘地铁1号线至莲山洞站换乘汽车即达　★★★

　　位于釜山安乐洞的忠烈祠以本殿为主，还有义烈阁、纪念馆、军官厅、净化纪念碑、宋象贤公名言碑、忠烈塔等遗迹，供奉有壬辰倭乱时为国捐躯的91名护国烈士的牌位，同时还有各种古书、铠甲、头盔等上百件珍贵文物，在展厅内供人参观。

畅游韩国　釜山

163

22 庆州历史遗迹地区
古代新罗王朝的众多历史古迹 　赏

庆州作为古代新罗王朝的首都长达千年之久，因此这里的历史遗迹众多，有着重大的历史文化价值，因此在2000年被联合国评为世界文化遗产。这里有古老的新罗王陵，它们是朝鲜早期墓葬历史的活化石；南山地区佛教寺庙建筑典雅，寺中的绘画、雕塑都是不可多得的艺术精品。月城是古代新罗王室的王宫所在地，在现今残存的遗址上仍能感受到这座古都拥有过的辉煌历史。山城地区是古代新罗王宫的外城防御体系，这里记载了曾经金戈铁马的历史岁月。

TIPS
 庆尚北道庆州市　★★★★★

23 古坟公园　玩
古代新罗王室的墓地

古坟公园是庆州的核心景区之一，这里是古代新罗王室的墓地，埋葬着多位王公贵族及其家眷。安葬七位新罗国王的天马冢是这里最著名的景点，那些掩映在苍翠松竹间的坟墓都是传统的圆形巨墓，封土堆上布满了青苔与杂草。每座墓地都是近13米高，四周则是陪葬的墓地，在外侧还有高耸的石墙用于彰显主人的尊贵身份。漫步在这里可以追忆那尘封的往事，遥想新罗王国的强盛与衰落，感叹世事的无常与时代的变迁。

TIPS
 庆尚北道庆州市皇南洞6-1　054-772-3632　1400韩元
乘70路公交车至大陵苑前站下　★★★★

24 通度寺　赏
朝鲜半岛上最古老的寺庙之一

TIPS
庆尚南道梁山市下北面芝山里583号　055-382-7182
2000韩元　乘市郊公交车至通度寺站下　★★★★

位于鹫栖山上的通度寺是朝鲜半岛上最古老的寺庙之一，寺内建筑古朴典雅，有着幽静的氛围。迈入山门可以看到一排参天的巨松，它们都是有数百年树龄的古木。寺内还有古老的法鼓、声音浑厚的铜钟、绚丽的夕照、碧波荡漾的莲池、奔流而下的瀑布、嶙峋的岩石，都是绝佳的景致，这些景点就是著名的通度寺八景。通度寺的大雄宝殿庄严华美，有趣的是，殿内没有供奉任何佛像，这在佛教寺庙中是比较罕见的。寺中的舍利塔据说供奉着释迦牟尼佛的真身舍利。

25 佛国寺 赏
韩国最华美的寺庙

历史悠久的佛国寺被誉为"韩国最华美的寺庙"，这里的香火在一千多年间一直很旺。这个寺庙里的古迹众多，多宝塔是其中之一，还有造型优美的莲花桥和青云桥，以及著名的金铜毗卢遮那佛坐像、金铜阿弥陀如来坐像，它们都是韩国政府评选的国宝。身为第21号国宝的释迦塔是这里最著名的景点，它是供奉佛祖如来的地方，其雕刻技法精湛，具有极高的艺术价值。此外，还有一座具有10个面孔和全身装饰华丽的十一面观音菩萨像。

TIPS
庆尚北道庆州市进岘洞15号 ☎054-746-9912 ￥4000韩元 乘10、11路公交车至佛国寺站下 ★★★★

26 石窟庵 赏
韩国最著名的佛教寺庙

位于吐含山上的石窟庵是韩国最著名的佛教寺庙，这里的独特之处在于它的建筑全部是由花岗岩砌筑而成的。寺里的石像众多，既有神情威严的八部神将像，也有气宇轩昂的金刚力士像，而四天王像则是寺中的精品。寺庙的殿堂朴素典雅，并雕刻了本尊佛释迦如来佛像，雕像表情慈祥、形体饱满，端坐于莲台上，四周纹饰的技法精湛，是韩国石刻佛像的杰作。石窟庵风景优美，空气清新，是登高望远、看日出的好地方。

TIPS
庆尚北道庆州市进岘洞 ☎054-746-9933 ￥4000韩元 乘12路公交车至石窟庵站下 ★★★★

27 鸡林 赏
庆州国立公园内最著名的景点之一

鸡林是庆州国立公园内最著名的景点之一，它看似是一个平凡无奇的树林，但在朝鲜神话中却是新罗王国的发源地，因此被韩国政府指定为第19号史迹。这个树林郁郁葱葱，站在古树之下，只能看到阳光的残影。鸡林内树种众多，有韩国常见的榆树、枫树等古木共计100多棵。树林中的碑阁是朝鲜李氏王朝建国初期所立，上面记叙了鸡林的古老历史，石碑上的碑文苍劲有力，文章华美典雅，是一个具有很高艺术水准的石刻碑文。

TIPS
庆尚北道庆州市校洞 ☎054-779-6396 ￥500韩元 乘70路公交车至大陵苑前站下 ★★★★

28 雁鸭池 赏
朝鲜半岛上最大的莲花池

雁鸭池是古代新罗王朝王宫的一个重要组成部分，这里一度也是朝鲜半岛上最大的莲花池。这个古老的池塘在20世纪70年代恢复了原貌，如今四周布满了圆形的石板，碧波荡漾的湖面上朵朵莲花随风而动，给人以清新凉爽的感受。这个圆形池塘直径有200多米长，每到盛夏荷花绽放之时，这里会被沁人心脾的清香所填满，其独特的风韵令人沉醉其间。雁鸭池旁边的假山是由池中的泥土所筑成的，遍布着奇花异草，是这里的一大奇景。

TIPS
庆尚北道庆州市仁王洞　054-772-3843　1000韩元
乘10、11路公交车至国立庆州博物馆站下　★★★★

29 半月城 赏
朝鲜半岛上的古都之一

半月城是朝鲜半岛上的古都之一，因其独特的半月形城墙而得名。根据神话传说与古书记载，著名的新罗王朝曾在这里定都长达900年之久。现在的半月城早已没了往日那雄伟壮观的气势，一间间精美典雅的殿堂只留下残垣断瓦供后人凭吊。漫步在这个遗址公园内，仍能够看到部分古老建筑的痕迹，其中既有制作冰块的石冰库，也有强身健体的射箭场，而那供人纵横驰骋的赛马场和传统民间游戏体验场等设施，则可以让人们追忆起这里曾经的繁华场景。

TIPS
庆尚北道庆州市仁王洞　054-772-3632　乘10、11路公交车至国立庆州博物馆站下　★★★★

30 河回民俗村 赏
安东地区著名的民俗旅游景区

河回民俗村是安东地区著名的民俗旅游景区，这里完整地保存了朝鲜李朝时期的建筑，其中既有居住"两班"等大人物的住宅及草屋茅舍，也有平头百姓所经营的酒馆兼客栈的"酒幕"。这个民俗村位于僻静的乡间，浓郁的古老文化在这里随处可见，使人仿佛置身于古朝鲜时代。河回民俗村的地形遵循着古老的风水学说，分为南北二村，是典型的古代朝鲜建筑，有着"活的朝鲜建筑博物馆"美誉。这里还完好地保存了早已失落的古代民间庆典仪式和文化，尤其以独特的"河回别神巫俗假面剧"最为知名。

TIPS
庆尚北道安东市丰川面河回里　054-854-3669　2000韩元　乘46路公交车至河回村站下　★★★★

31 瞻星台
韩国第31号国宝

位于庆州市中心的瞻星台是韩国第31号国宝,它是古代朝鲜王朝进行天文测绘和占卜凶吉的地方,同时也是政府指定的农业生产的信息提供处。这座古老的天文观测台修建于新罗王朝的善德女王时期,近10米高的高台是用362块石块堆砌而成的,代表了当时历法所确定的一年的天数。瞻星台利用建筑镜与窗口映入的光线来确定日月星辰的位置,这样既反映了古人"天人感应"的哲学思想,又展示了他们对天文学与气象学的认知。

TIPS
庆尚北道庆州市仁王洞　054-772-3632　500韩元
乘70路公交车至大陵苑前站下　★★★★

32 芬皇寺和皇龙寺
数百年历史的寺院

芬皇寺始建于新罗王朝第27代善德女王三年(634),是新罗时代有名高僧元晓大师和慈藏居住过的地方。芬皇寺内随处可见千年历史的古迹,其中韩国历史最悠久的模砖石塔高3.7米,本殿宝光殿内供奉有一尊用青铜制作的高3.45米的药师如来立像。黄龙寺与芬皇寺一墙之隔,曾是韩国规模最大的寺院,现今只遗留有众多砖石遗迹供人参观凭吊。

TIPS
庆尚北道庆州市九黄洞　054-742-9922　1000韩元
乘高速巴士至芬皇寺下　★★★★

33 40台阶文化观光主题街
富有历史文化的小街

40台阶文化观光主题街是一条长达450米的街道。这里记载了朝鲜战争时,背井离乡的难民们的悲欢和乡愁,再现了20世纪五六十年代的街区氛围,令人产生无限感慨。40台阶文化观光主题街于2004年6月被釜山市选定为"釜山市综合评价最优秀街道",现在正慢慢发展成新生旅游胜地。

TIPS
釜山市中区中央洞4街27号-53号　51-600-4043　乘坐地铁1号线在中央洞站下车后从13号出口出去步行5分钟　★★★★

34 釜山近代历史馆
展现釜山近代历史的窗口

TIPS
釜山中区大峙洞2街24-2号　乘坐地铁1号线在中央洞站下车后从13号出口出去步行5分钟
★★★★

　　釜山市是韩国距离日本最近的一个港口城市，在18世纪初，釜山曾被日本皇军强行占领，市民深受皇军祸害。为了铭记这段悲壮的历史，市政府在2003年将前东洋拓植株式会社釜山分社及美国海外公布处的历史建筑物，改建成釜山近代历史馆，展示这段釜山被日本帝国主义侵略的历史。馆内楼高三层，共分为两个展馆，每一间皆以不同主题展示，由1876年釜山开港时期开始，展示不同的历史文物，其中比较珍贵的有壁报，壁报是日本在战争末期为掠夺物资、顺利筹措不足的物资而进行宣传用的壁报。还有釜山府市街图，这一街图制作于1936年，准确地标志了前面北港附近、后面釜山镇和南区的填埋情况。此外，还有日章旗、麻线、棉线、粮食袋等。

35 西面1号街
充满青春和热情的街

　　西面1号街是地铁1号线和2号线相接的地方，也是以汇集釜山公共汽车路线超过1/3的西面交叉路口为中心的发达地区。这里拥有大型百货商店、传统市场、打折店等，可买到名牌产品、免税服饰和饰品等，并且有很多物美价廉的饮食店，年轻人络绎不绝。另外，还有很多供消磨时间的夜总会和娱乐厅、剧场等，热闹的气氛一直持续到深夜。

TIPS
釜山镇区釜镇洞　乘坐地铁1号线在西面站下车（1号出口），步行5分钟
★★★★

36 儿童大公园
儿童的天地 玩

儿童大公园被茂密树林围绕着，树林中的小路是浪漫情侣和众多市民一家出来散步的好地方。儿童大公园还设有游戏设备，尤其是儿童会馆有多种娱乐项目供青少年儿童玩乐。

TIPS
釜山镇区草邑洞43号一带　乘坐地铁1号线在西面站下车（13号出口）后乘81、112公交车可达 ★★★★

38 三光寺
釜山的代表性寺院 赏

三光寺创建于1986年，是釜山广域市釜山镇区草邑洞天台宗第二大的寺院。由于三光寺位于树木茂盛的白杨山山脚，占据了绝佳的地理位置，因此能将整个釜山市一览无余。

三光寺内供奉着释迦牟尼、观世音菩萨、大势至菩萨，有能同时容纳一万多人奉行大法会和文化活动的止观殿，以及法话三昧堂、国泰民安祈愿大法钟阁、世界人类和平和南北统一祈愿的53尊佛和8面9层大宝塔等。作为釜山的代表性寺院，三光寺还常常举办一些国内外文化艺术活动，如茶道会、插花会、传统饮食保存会、书法讲座和照片展、书画展等。在带给釜山市民安乐的同时，和市民们一起分享佛教文化艺术。

TIPS
釜山镇区草邑洞山131号　乘坐地铁1号线在西面站下车（13号出口），再乘81、112号公交车（仙庆大厦下车） ★★★★

37 釜山乐天饭店表演
多种艺术结合的完美表演 赏

釜山乐天饭店表演被称为"东方的神秘"是亚洲最大规模的国际表演。在这里可以欣赏到韩国传统舞蹈和中国艺术团的风采。中国艺术团的表演以新中国诞生为背景，是多种艺术结合的完美表演。韩国传统舞蹈总共由8幕构成，以《阿里郎》为开头，带给游客迷人幻想般的享受。

TIPS
釜山镇区釜田洞503-15　乘坐地铁1号线在西面站下车（5、7号出口），步行5分钟 ★★★★

39 西面美食街
品尝美食的好地方 吃

西面美食街可谓是美食的天下，这里有一排一排的土鸡店、烤肉店、小吃车等，售卖炒年糕、紫菜包饭、鱼浆等各种各样又好吃又便宜的美食，颇具诱惑力。

TIPS
釜山镇区釜田洞　乘坐地铁1号线在西面站下车（1号出口），步行5分钟 ★★★★

40 釜山乐天免税店 买
乐天免税店各分店中的代表

　　釜山乐天免税店是乐天免税店的一家分店，虽然在韩国不同的地方有多家分店，但是釜山乐天免税店的生意十分红火，顾客络绎不绝，这里拥有400多种品牌和各种高级商品，商品质量有保障，售后服务也不错，值得信赖。

TIPS
- 釜山镇区釜田洞乐天百货商店釜山本部8楼　乘坐地铁1号线在西面站下车（5、7号出口），步行5分钟下
- ★★★★

41 大岘商场 买
购物场所

　　大岘商场在釜山十分知名，口碑极好，这家商场主要以中低价服装、饰品、化妆品为主营业务，除了服务好以外，这里的购物环境也很不错，让人走进去就有购物的欲望。

TIPS
- 釜山镇区釜田洞　乘坐地铁1号线在西面站下车
- ★★★★

42 福泉博物馆 赏
了解当地古代社会形态的地方

　　福泉博物馆收藏展示有在福泉古坟群和釜山、岭南地区出土的1800多件文物。游客通过随时代变化的坟墓结构和文物可以对这一地区古代的社会形态有所了解。

TIPS
- 东莱区明伦、福泉、安乐洞一带　乘坐地铁1号线在明伦洞下车（2号出口），再乘1路乡村汽车（需要10分钟）
- ★★★★

43 东莱乡校 赏
朝鲜时代在各地设立的教育机关

　　东莱乡校是朝鲜时代在各地设立的教育机关，相当于现在的公立初中、高中。它一直保存着大城镇和明伦堂、半化搁碑等，向人展示朝鲜时代的典型建筑样式，十分有考研价值。

TIPS
- 庆尚北道庆州市仁王洞　054-772-3632　500韩元
- 乘70路公交车至大陵苑前站下　★★★★

44 乐天百货商场（东莱店）
综合性一站式服务商场

TIPS
东莱区　乘坐地铁1号线明伦洞下车（1号出口），步行6分钟即达　★★★★

在乐天百货商场（东莱店）可见到韩国国内高级品牌服装、服饰杂货和各种生活用品及海外名牌产品，在购买前后还可以去体育运动中心健身。在为家庭顾客和年轻人准备的主题空间，设有自助饮食店、美发店、CD店、装饰用品店、美容室、美甲室等，不愧是综合性一站式服务商场。

45 金刚公园
人气十足的公园

TIPS
东莱区温泉洞山131号一带　乘坐地铁1号线在温泉场站下车（1号出口），步行15分钟即达　★★★★

位于金井山山脚的金刚公园自古就被称为小金刚山，这里的奇岩怪石和悬崖峭壁绝妙地分布于松林之中，形成一道独特的景观。在金刚公园，还可乘坐长达1200米的缆车俯瞰整个公园及四周的美景，仿佛是一幅画。金刚公园是一年四季人流不断的地方，说明其魅力不凡。

46 釜山海洋自然史博物馆 赏
青少年科普基地

TIPS
东莱区温泉洞山13-1号　乘坐地铁1号线温泉场站下车（3号出口），步行15分钟即达　★★★★

釜山海洋自然史博物馆收藏展示世界各国的稀有海洋生物化石等与海洋自然史相关的2.4万件物品，是海洋探求的生动教育场，也是青少年科普基地。

畅游韩国 · 釜山

47 劳的奥街
逛街购物的地方 逛

TIPS

📍海云台中洞1776-1海云台劳的奥 🚇乘坐地铁2号线在中东站下车（7号出口），步行15分钟即达 ★★★★

劳的奥街汇集了70多家品牌店，是有很多优惠折扣的购物好地方。来这里购物的消费者非常多，常常人满为患，大都是冲着这里的物美价廉的商品而来。

48 迎月岭
恋人们约会的首选之处 赏

迎月岭是连接海云台海水浴场与松亭海水浴场的一条山路。据说在这里能欣赏到最美丽的月色。在没有通电的年代里，迎月岭皎洁而明亮的月光，为人们照亮了夜间的山路。迎月岭如今是釜山最浪漫的一处地方，是恋人们约会的首选之处。

TIPS

📍釜山海云台区中东 🚇乘坐地铁京仁线在中洞站下车（7号出口），再乘100路公交车（诚心医院下车），步行15分钟即达 ★★★★

49 釜山广域市立美术馆
釜山代表性的文化空间 赏

釜山广域市立美术馆作为釜山代表性的文化空间，拥有11个展示室和野外雕刻公园等最现代化的设施。通过多样的美术作品展示，游人可对艺术更接近，更了解。

TIPS

📍海云台区佑洞1413号 🚇乘坐地铁2号线在市立美术馆站下车（5号出口） 成人700韩元，青少年300韩元，未满7岁免费，每周星期六免费 ★★★★

50 釜山电影摄影中心 赏
一座国际级规模的电影摄影中心

釜山电影摄影中心是一座国际级规模的电影摄影中心,作为韩国影像文化的观光场所,在釜山有很高的知名度,值得一观。

TIPS
海云台区佑1洞　乘坐地铁2号线在市立美术馆下车(5号出口)　★★★★

51 快艇赛场 赏
具有国际规模和设备比赛场

快艇赛场是1986年、2002年亚运会举行快艇比赛的地方,具有国际规模和设备。现有可以让1300多艘快艇停留的设施。

TIPS
乘坐地铁2号线路在市立美术馆下车(3号出口),步行10分钟即达　★★★★

52 釜山博物馆 赏
展现釜山文化的窗口

TIPS
釜山南区大渊4洞948-1号　乘坐地铁2号线大渊洞下车(3、5号出口),步行15分钟即达　★★★★

釜山博物馆位于韩国釜山市,于1978年开馆,同韩国各地的其他公立博物馆相比有着更加悠久的历史。随着时间的流逝,博物馆设备老化、空间狭小,这同已发展为世界城市的釜山的崛起相比,多少显得有些不相协调。因此,近年新建了第2展馆,为满足市民们对文化的需求做出了大量努力。博物馆里展示和收藏的文物,其年代覆盖了史前时代到现代,是了解釜山历史和文化特点的重要资料。

53 釜山文化会馆
文化艺术的殿堂

釜山文化会馆是文化艺术的殿堂，也是具备音乐、舞蹈、戏剧、电影展示及国际会场设备的综合文化艺术空间，该文化会馆规模大设施齐，可同时容纳数千人举办各种文化活动。

TIPS

釜山南区大渊4洞848-4号　乘坐地铁2号线大渊洞下车（3、5号出口），步行10分钟即达　★★★★

55 洛东江下游候鸟栖息地
观赏鸟类的好地方

洛东江下流候鸟栖息地于1966年7月13日被指定为"自然保护区"。洛东江巨大的三角洲和无数的沙料给候鸟提供了休息的好地方。春秋两季，经过韩国的鹬和水鸟会在这里短暂栖息，冬天鸭子和大雁也会前来此处。每年10月至次年3月会有约150种以上的鸟飞来。其中天鹅最为常见，鹰和白尾鹰等凶猛禽类也可偶得一见。这里的候鸟栖息地面积大，又有茂密的芦苇丛，难以乘车抵达。因此要较好地观察候鸟，就最好在明旨洞码头租船，并请当地居民引导。一般上午9时至下午4时最适合观察候鸟。

54 UN纪念公园
世界唯一的UN军墓地

UN纪念公园是为了世界和平和自由而牺牲的各个国家的英雄烈士的墓地，也是世界唯一的UN军墓地。

TIPS

釜山南区大渊4洞779　乘坐地铁2号线大渊洞下车（3、5号出口），步行15分钟即达　★★★★

TIPS

洛东江下区一带　乘坐地铁1号线在下端站下车（1号出口），再乘17号（江西乡村汽车）、58号公共汽车可达　★★★★

56 乙淑岛雕塑公园 赏
艺术大观园

乙淑岛雕塑公园是以自然景观与世界级作品协调融合的雕塑公园，这里在2004年釜山国际美术展览暨釜山雕塑会上展示

了20分的优秀作品，现在都已成了景观。每天来这里的游人特别多，尤其是雕塑爱好者，更是络绎不绝，大都是来这里寻找灵感的，因为在这个雕塑公园游览一番，就好似被艺术熏陶了一遍。

TIPS
沙下区下端洞　乘坐地铁1号线在下端站下车（1号出口），再乘58、58-1、58-2号公交车（乙淑岛休息所下车），然后步行10分钟即可到达 ★★★★

57 加德岛 赏
釜山与巨提岛相连接的最大的岛

TIPS
江西区绿山洞　乘坐地铁1号线在下端站下车（5号出口），再乘58-1、520号公交车绿山线车站下车 ★★★★

　　位于洛东江下区西边海上的加德岛由11个无人岛组成，是釜山与巨提岛相连接的最大的岛。连接加德岛和巨提岛的是巨提大桥。加德岛面积20.78平方公里，海岸线长36公里，最高烟台峰海拔459.4米。东海岸上生长着数万的冬柏树，沿着海岸还有着千姿百态的岩石，还有很多的海鱼。因此，来此地的既有旅游者，也有钓鱼爱好者。

KOREA GUIDE

畅游韩国 5

光州

光州是韩国第五大城市,也是韩国西南部的行政、军事、经济、社会、文化枢纽城市。光州自古以百济文化为中心,具有丰富的历史文化遗产,是极好的观光览胜之地。

打开光州!

❶印象

光州位于韩国西南部,曾经是全罗南道的道厅所在地。光州是韩国人口第六多的城市,1986年从全罗道脱离成为直辖市。这里以农业、纺织业、造纸业等为主要经济来源,是知名的手工业品基地。境内有车岭山脉余脉无等山,这座山海拔1100米,山上多奇峰怪石,是光州最重要的标志之一。市内风光秀丽,有多个自然保护区和国家公园。同时这里也是古代百济国的重镇,有很多百济时期的古代遗迹。光州也以辉煌的儒家和佛教文化在韩国各个城市中独树一帜,各种书院、寺庙及历史遗迹都无言地记载了光州过去无比灿烂的文明。

❷地理

光州地处朝鲜半岛西南部的全南平原与南岭山地交界处,荣山江上游,东南方由无等山等山脉、丘陵环绕,西北部为较开阔的全南平原。

❸气候

光州的气候以无等山为界,东南部为内陆性气候,西部为海洋性气候。光州一年四季分明,冬季平均气温在0℃左右,夏季平均气温在26℃左右。

❹光州节日

光州美术双年节

时间:9月

光州美术双年节最初是在1995年为了庆祝光州从日本侵略者手中光复50周年所创办的,此后每两年举行一次,是为了总结韩国美术文化的发展历程,并且展望未来美术发展方向而创立的,每届活动的艺术主题都各不相同。节日期间会有来自世界各地50多个国家的数百位艺术家参加展出,观众最多可达160多万人。此外在举办艺术作品展览的同时,这里还会举行丰富多彩的演出活动,是光州地区最为热闹的艺术庆典。

光州泡菜节

时间:10月

泡菜是韩国人最基本的食物之一,也是韩国文化的代表。在光州每年10月末都会举办光州泡菜节,在泡菜节期间,人们除了可以品尝到风味独特的光州泡菜外,还可以学习制作泡菜的过程,并且亲身参与到泡菜的制作中去。在此过程中可以体会到光州人民对泡菜的感情,让人们不由得喜欢上韩国的传统饮食文化。

❺光州交通

航空

光州机场是光州市内唯一的机场,始建于1948年,每年的客流量超过160万人次。目前这里主要以韩国国内航班为主,而国际线路则被移到了全罗南道的务安国际机场。这里还与首尔、济州岛等韩国重要城市和观光地有对开的航班。

铁路

铁路是光州的主要运输手段之一,主要有湖南线、庆全线这两条主干道纵横通过光州,主要与釜山和大田这两处重要城市相连接。这两条线均为现代化的电气铁路线,速度快、服务良好,是人们出行的首选。

出租车

光州的出租车以价格低、速度快在韩国各大城市中排名前列。这里模范出租汽车的起步价只有2000韩元,比首尔整整便宜一半,普通出租车的起步价则为1300韩元,比首尔便宜300韩元。而且速度也比公交车快很多,很受那些时间紧张的游客喜爱。

地铁

地铁是光州内部主要的交通手段之一,光州的地铁一号线完工于2004年,全长20公里,连接了光州新、旧两个市中心。这条地铁的开辟有利于城市均衡发展和开发周边落后地区,对推动光州的经济起到了重要作用。

公交车

光州的公交车站点遍布全市,且公交车密封程度高,车里非常干净,均无人售票。司乘人员的服务态度也很好,但是速度较慢,需要花费略多的时间。

❻ 光州美食

光州被无等山一分为二,东北内陆地区的农作物和西南海域的海产品交会在一起,形成了号称"八道之最"的全罗南道独特的饮食文化。光州的菜式大多口味浓重、色彩鲜艳,和中国北方很多地区的饮食习惯很相似。其中韩食套餐、无等山大麦拌饭、光州泡菜、松汀肉饼和鸭子汤被称为"光州五味"。这五种美食都是汇集了光州特色的美味,是每个前来光州旅游的人们都不

容错过的。此外光州烤牛肉的味道也是一绝。

❼ 光州购物

光州是韩国知名的文化城市,在光州的市中心有很多出售古画的古董店、传统茶叶店、美术展览馆等文化商店。尤其是中心区忠壮路和锦南路,是光州的名物街。在这条街上出售光州附近的谭阳出产的各种竹制艺术品,全州的韩纸、扇子和雨伞,以及无等山的春雪茶等等。此外在光州还能找到很多来自美国的世界知名零售企业,买到各种品牌产品。

❽ 光州娱乐

光州拥有丰富的自然景观,其中的多岛海海上国立公园、智异山国立公园、月出山国立公园都是在当地享有盛誉的自然公园。这些公园有的崇山峻岭,高不可攀;有的怪石嶙峋,奇峰林立;有的绿意盎然,郁郁葱葱,各有自己不同的特点。在乐安邑城民俗村有古朝鲜时期的古城楼、屋舍,以及保存得相当好的民宅,是光州悠久历史的见证。此外,到了晚上,那满街的霓虹灯以及热闹的人群,也勾勒出了一座不夜的光州。这里的娱乐场所相当丰富,而且很多都是通宵营业,可以让人玩个痛快。

01 潇洒园
韩国三大庭院之一 赏

潇洒园位于全罗南道潭阳郡南,是韩国三大庭院之一。花园建于朝鲜王朝中期,当时的著名学者——山甫在经历了惨痛的派别斗争、决心归隐田园后,便建造了潇洒园隐居在此。整个花园为韩国传统风格,处处透露出花园主人平和、清雅、与世无争的心态。一条小溪将花园分成两部分,左右两边的山坡上种植了茂密的树木。瀑布映衬着小溪倾流而下,古老的亭子、黄土围墙和成片的竹林更为这幽雅的景色增添了不少风采。自古,这里就是文人学者喜爱的探访之地。古老的建筑与美丽的自然风景也能够激发人们的灵感。许多优秀的文学作品都是以潇洒园为背景创作的。花园旁的歌辞文学馆内就展示了以潇洒园为背景而创作的诗歌词赋,有兴趣的游客不妨前去观赏一下。

TIPS
- 全罗南道潭阳郡南面芝谷里123号 061-380-3150
- 1000韩元 乘187、225路公交车至潇洒园前站下
- ★★★★

02 松广寺
韩国三大寺庙之一 赏

松广寺位于韩国全罗南道顺天市,是韩国三大寺庙之一。寺庙建于新罗真平王时代,并于12世纪扩建,至今已有1200年的历史。松广寺环境清幽,在佛教寺庙中占有重要地位。佛教中有"佛宝、法宝、僧宝"三种宝物。韩国佛教曹溪宗的祖师为了宣扬"三宝"的文化建立了三座寺庙,称为"三宝寺"。松广寺就是三宝寺之一的僧宝寺,一共培养出了16位著名的国师。胡枝子皮、双香树、能见难思为松广寺三大宝物:胡枝子皮是一个巨型饭碗,一次能盛4000位僧侣的素斋;双香树是两株树身弯曲的巨型檀香树;能见难思是一个做工精巧的佛教器皿。如今,在寺内修行的各国僧侣众多,这里依旧实行严格的戒律,传承并保护着传统佛教文化,不禁让人赞叹。

TIPS
- 全罗南道顺天市松广面新坪里12号 061-755-0107
- 2500韩元 乘公交车直达松广寺 ★★★★

03 乐安邑城民俗村
韩国第302号史迹

赏

　　乐安邑城民俗村位于全罗南道顺天市,被列为韩国第302号史迹。乐安邑城建于古朝鲜时代,城内的民宅保存良好,就连城墙也保持着当初的形状。古城并不是很大,但是游客可以在这里看到朝鲜时代的客栈、政府衙门、市场等原型。如今,仍旧有100多户人家在此生活,并从事农业劳动。城内的1000多栋房屋都拥有独立小院,保留着古时村民所用的生活用具等。朝鲜时代的林庆业将军曾在这里任郡守,为了纪念这位施行仁政的将军,村内设立了林庆业将军石碑,并在每年正月十五,举行仪式和跳远、荡秋千、绕城跑等纪念活动。由于民俗民风保留完好,这里也是许多韩剧的外景拍摄地点。《大长今》的多集场景就是在这里拍摄的,城内也提供剧中的服饰给游客试穿、拍照,韩剧迷千万不能错过这里。

TIPS

🏠 全罗南道顺天市乐安面东内里　☎ 061-749-3893　🚌 乘63、68路公交车至乐安邑城民俗村站下　★ ★ ★ ★

畅游韩国 · 光州

04 多岛海海上国家公园
韩国最大的国立公园

多岛海海上国家公园占地面积达2321.2平方公里，是韩国最大的国立公园。公园由1700多个岛屿组成，这些大大小小的岛屿就像棋子一般星罗棋布地排列在大海中。其中，红岛和珍岛是最有名的两个岛屿：红岛由230个小岛屿组成，每到黄昏时分，阳光洒落在这些小岛上，将它们染得通红，这就是红岛最出名的日落美景；珍岛则是以"摩西奇迹"而闻名，每年的4月26日16:00左右，岛上的海水会突然下降，形成一条宽40余米的劈海路，10多分钟后海水又会回升，十分神奇，在这一天，当地的村民还要举行"灵登祭"的古老仪式，祈祷平安。海上公园气候温暖，常绿乔木和各式的海岩石也为公园添色不少，这里也是各种珍稀动物的栖息之处。

TIPS
全罗南道光州市　乘火车即达　★★★★

05 国立光州博物馆
感受韩国古代历史和文化气息

国立光州博物馆位于光州市北区梅谷洞，于1978年开放，馆内收藏了全罗南道地区的各式展品。参观这里，游客可以感受到韩国古代历史和文化气息。馆内一共有7个展厅。一楼的史前展厅展示了石器时代的出土文物，在古代文化室展出了原二国时代的各种土器和铁器等随葬品。二楼的佛教展厅内集合了佛教艺术品，铜梵钟、青铜金鼓、金铜如来立像等都是珍贵的展品。书画室则展出了朝鲜时代的优秀美术作品。梁彭孙、尹斗绪等著名画家的作品在这里都可以看到。自古以来，全南地区就盛产瓷器，因此博物馆里也少不了瓷器室，展出白瓷、黑釉瓷器等珍贵艺术品。新安海底遗物展厅是一个特别的展厅，展示了从在新安海底沉没的中国元代商船上发掘出来的文物。

TIPS
全罗南道光州市梅谷洞83-3　062-571-7111　400韩元　乘16、19、26、35、55、114路公交车在国立光州博物馆站下　★★★★

06 光州艺术街 逛
时尚与潮流的汇聚地

TIPS
🏠 全罗南道光州市东区弓洞　🚌 乘9、11、17、30、117、222、1000路公交车至道厅站下　⭐⭐⭐

光州艺术街只有300余米，但却是时尚与潮流的汇聚地，也是游客浏览光州必去的一处热门景点。艺术街的两旁多是书店和艺术品店，售卖各种韩国传统艺术品。改良的韩服、朝鲜妇女们盘头时使用的"头簪"、民俗画等各式稀奇的物件都可以在这里找到。喜欢艺术的游客还可以在这里

看到各式各样的展览。这里的艺术馆除了展览，还会不定期举办小型音乐会等文化演出。露天展台展出的是书画、雕刻艺术等。每到周六，艺术街就会变身成步行街——韩国唯一的民众艺术品跳蚤集市正是在这里举行。各式古香古色的民俗艺术品是跳蚤市场出售最多的商品。喜爱收藏古董艺术品的游客一定会很满意这里，此外这里还设有韩国传统茶社，逛累的游客可以在此歇歇脚。

07 光州世界杯体育场 赏
2002年韩日世界杯赛场

光州世界杯体育场位于光州市西南4公里处，是2002韩日世界杯的赛场之一。相信中国的球迷对这里应该不会陌生，这届世界杯中，中国队对哥斯达黎加队的比赛就是在这里进行的。该体育场是专业的足球场，完工于2001年，总投资1561亿韩元，能容纳4万多名观众。体育场的外观非常奇特，左右两侧各有一个半圆形弧顶，代表了光州的标志：无等山，而支撑顶棚的Y字形支柱则象征着光州传统的车战民俗游戏。通过这样独特的设计，将光州代表"光与生命"的城市特色展现出来。球场内部有2块大屏幕、3层看台。宣传馆、媒体中心、资料馆、便民体育设施等也是一应俱全。

TIPS
🏠 全罗南道光州市西区枫岩洞423-2　☎ 062-604-2002　🚌 乘36路公交车至世界杯体育场站下　⭐⭐⭐⭐

畅游韩国 | 光州

183

08 高敞支石墓群
韩国最大规模的支石墓群 赏

　　支石墓是史前时期石墓的一种，韩国是支石墓在东北亚地区分布的中心。韩国支石墓是韩国青铜器时期的代表性坟墓之一，至今已发现近3万座，是研究史前时期文化现象和社会结构、政治体制，以及风俗习惯的重要资料，具有很高的保存价值。在高敞支石墓遗迹中分布着442座支石墓，是韩国支石墓最密集的地区。这里分布着从10吨以下到300吨的各种尺寸支石墓。在遗迹中并没有设置围栏，地上一处处的支石墓就这么静静地躺在绿色的草地中，与大自然融合在一起。支石墓的形状也多种多样，如桌形、围棋盘形、地上石椁形等。游人们或自由地在其间穿行，或停留在某一处墓前仔细观察，欣赏远古时代的人们留给现代人的宝贵遗产。

TIPS
全罗北道高敞郡　063-560-2224转5　★★★★

09 内藏山
韩国最佳的红叶观赏地 赏

TIPS
全罗北道井邑市内藏洞　063-538-7874　乘171、171-1路公交车至井邑站下　★★★★

　　内藏山位于全罗南道和全罗北道的交界处，因为山峰层层叠叠，好似山中藏山一样，所以得名。这里是韩国排名第一的红叶观赏地，每逢秋天，内藏山层林尽染，山峰上铺满有如绸缎的红叶，好像红色宝石一般，风景极美，所以也被称为"湖南的金刚"。尤其是从登山路口出发长约500米的路程，在这里仿佛整个世界都被染成了红色，无论是茂密的树冠，还是厚厚的落叶，都是红色，使得各方游客赞不绝口。此外，内藏山春天杜鹃花和樱花绚烂，夏天山林浓绿葱茏，冬天悬崖峭壁雪景宜人，包括奇岩绝壁与溪谷也非常出名，被列为韩国八大美景之一。此外，在内藏山上还有内藏寺等3栋具有千年以上历史的古代建筑，每年也吸引了很多游客专门为了参拜古寺而造访于此。

10 智异山国家公园 玩
仅次于汉拿山的韩国第二高峰

TIPS
全罗南道光州市　2400韩元　★★★★

智异山与汉拿山、金刚山并称为"三神山",是仅次于汉拿山的韩国第二高峰。由于是长白山脉的延续,因此被认为是"灵山",备受韩国人民的崇尚。智异山山势连绵千里,共有十余座高峰,跨越了全罗南北道与庆尚南道。其中,海拔1915米的天王峰是最高峰,与般若峰、老姑坛并为智异山三大高峰。智异山还以其未受污染的自然美景而闻名,由于山势高低不平,在山中不同高度上都可以欣赏到不同的美景。稷田谷、蛇死谷、七仙谷、寒新谷是智异山四大名溪谷。此外,智异山还有清晨日出、老姑坛云海、般若峰夕照、夜观满月、烟中红霞、稗牙谷红叶、山踯躅花、蟾津清流等十景。

11 无等山 赏
光州和全罗南道的代表景点

无等山位于光州、潭阳郡和顺郡的交界处,是光州和全罗南道的代表景点。无等山环境幽美,风景秀丽。山上一年四季都有鲜花盛开。春天是踯躅花和金达莱花,夏天是山百合花,秋天是红叶和紫芒花,冬天则是漫天飞舞的雪花。无等山海拔1187米,山势并不陡峭,游客不用费多大力气就可以登上山顶眺望光州市区全景。山上另一大奇景就是各式各样的奇岩怪石。瑞石台、圭峰、立石台被称为无等山三大绝景,雄壮的岩峰围绕无等山的主峰分布周围,三个山峰的高度相差无几,这也是无等山名字的由来——无等级之分的山。无等山自古以来被认为是光州的守护神,山脚下保留着许多古刹等佛教遗迹。走在修复好的无等山古路上,看着山间美丽的风景,听着流水声、鸟叫声,确实令人心旷神怡。

TIPS
全罗南道光州市　乘火车即达　★★★

畅游韩国 光州

KOREA GUIDE

Korea

畅游韩国 ❻

济州岛

济州岛是一座典型的火山岛，也是韩国最大的岛屿。岛中央是通过火山爆发而形成的海拔1951米的韩国最高峰——汉拿山，在世界上都很有名。济州岛拥有海岛独特的美丽风光，素有"韩国夏威夷"之称，是理想的观光、度假胜地。

打开济州岛!

1 印象

济州岛是韩国最大的岛屿，位于全罗南道西南。济州岛是由岛上的韩国最高峰、海拔1951米的汉拿山喷发而形成的，是典型的火山岛屿，也被人称作"韩国的夏威夷"。在济州岛上可以说岛就是山，山就是岛。汉拿山几乎覆盖了整个岛屿。这里夏天湿热，冬天干冷，岛周围连绵的海岸线和洁白的沙滩呈现给人们美丽的海滩风光。自古以来济州岛上就有"三多"、"三宝"，"三多"是指这里风多、石多、女人多；"三宝"是指当地的美丽自然、民俗和传统工艺。尤其是当地的传统民俗，更是被誉为"活化石"。此外济州岛还是韩国唯一对中国团体游客实行免签证入境的地区，此举更是吸引了无数来自中国的游客。

2 地理

位于东海的济州岛距离韩国全罗南道西南100公里，由26座火山物质构成的小岛组成，面积约1848.3平方公里，是韩国最大的岛屿。

3 气候

济州岛的气候属于大陆性海洋气候，冬季温差大、干燥，夏季潮湿多雨，年平均温度16℃，夏季最高温度可达33.5℃，冬季最低温度约1℃。岛上多风、多雾，春秋两季最适宜观光游览。

4 济州岛节日

济州王樱节

时间：3月

济州王樱节于济州岛举办。每年的3月下旬，正是济州岛上樱花盛开的时节。这时候人们会纷纷走出家门，前往樱花集中开放的樱花之路，在那里进行野餐和赏花活动。而当地也会适时推出各种民俗活动以及沿街出售各种风味小吃。节日开始时，还会有精彩的开幕表演为人们助兴，相当热闹。

油菜花节

时间：4月

油菜是济州岛上的特色农作物，每年4月，大片的油菜花成片开放，以黄灿灿的油菜花为背景的油菜花节就此开幕。节日期间会举行以庆祝丰收为主题的公演活动，还会有专门的油菜花摄影大赛等。

三姓穴大祭

时间：4月、10月

在济州岛的传统神话中，有三位分别姓高、良、夫的神人在这座岛上开辟土地，繁衍后代，从而创造了现在的济州岛人。这里每年都会在4月和10月举行三姓穴春秋大祭，纪念这些神话中的创始人。届时，岛上姓高、良、夫的人们也会举行献香式，他们将穿着传统的民族

服装，提前沐浴更衣，场面相当庄严隆重。

城山日出节

时间：12月底、1月初

城山日出节于济州岛举办。每年的最后一天和第二年的第一天，在自然景观城山日出峰及济州岛的其他地区都会举行盛大的观日出庆典。人们会聚集到观日出的好地方，举行迎新年演出、音乐会、农乐器演奏等活动，并在新年第一天的日出时一起观赏日出，祈祷在新一年里能有好运气。

❺ 济州岛交通

航空

在济州岛上有济州国际机场，这是韩国第三大机场，有12条国内航线和7条国际航线。主要前往韩国国内各个大城市，以及中国、日本、东南亚各国等，是济州岛前往韩国国内、国外的主要方式。

公交车

在济州岛两大城市济州市和西归浦市内都有公交车运行，主要分为坐席公交车和一般公交车，这些公交车来往于济州岛各个旅游景点之间，按照里程的长短收费，其中坐席公交车价格稍贵一些。在济州和西归浦也有市内公交车，济州市路线为新济州、旧济州、西回线、东回线，西归浦市路线为西归浦、新市街地区、中文旅游区。

出租车

济州岛上有出租车可以通往各个地区，起步价一般为2公里1900韩元，距离计价为每144米100韩元，时间计价为每35秒100韩元。而稍贵的模范出租车起步价为3公里4500韩元，距离计价为每164米200韩元，时间计价为每39秒200韩元。

汽车租赁

在济州岛，韩国国内游客年满22岁、有18个月以上驾驶经验的人，或者外国人持有国际驾驶执照者皆可租赁汽车。人们可以驾车沿着环岛公路进行愉快的自驾游旅行。

❻ 济州岛美食

济州岛作为韩国一处依旧保留着很多传统民风民俗的地方，自然也就留下了很多传统的美食。这里的海产不仅味道鲜美，而且做法精细考究，搭配也很符合营养标准，这里主要提供海螺、生鱼片、鲍鱼粥、海产火锅、烤方关鱼等当地盛产的水产品料理。此外，济州岛还出产各种农作物和畜禽，济州黑猪肉是当地的一块招牌。还有包括济州岛糕饼、烤嘉吉鱼、五梅汽酒、山鸡荞麦面、盛蟹汤、荞麦刀削面等当地的传统美食。

❼ 济州岛购物

济州岛上的特产除了美味的食物外，还有很多当地传统的工艺品，包括有土布衣、多尔哈鲁邦仿制石像、靖洞帽子等，这些民俗产品主要集中在"五日集"中，这是一处每隔5天开张一次的大型市集，是当地出售传统工艺产品的主要市集。除了工艺品外，各类日常生活用品、水果、农产品乃至草药等都齐聚在这里，可以说应有尽有。同时各种大型超市也相继在济州岛开张，在这些地方购物十分方便，除了上面所提到的那些土特产品外，也有很多世界知名品牌的产品。

❽ 济州岛娱乐

济州岛作为韩国最有名的旅游景点，是一处休闲和娱乐的天堂。人们可以在这里充分地亲近大自然，放松身心。喜欢大海的人可以去海滩上和海浪搏击，到水下潜水，和鱼儿们零距离接触。喜欢爬山的人们则可以接近汉拿山，去各种熔岩洞窟中探险，体验火山带来的刺激感觉。除此之外，在岛上还有赛马场、儿童骑马场、高尔夫球场，甚至赌场等娱乐场所，可以让来自全世界的游客在这里尽兴而归。

01 东门市场
济州著名的美食街 逛

TIPS
济州道济州市一徒1洞　★★★

东门市场是济州著名的美食街，来到这里可以品尝韩国各地的风味小吃，那些色香味俱全的佳肴引得游客们垂涎三尺。韩国的美食中以各种泡菜最为知名，来到这里便能闻到弥漫在空气中的泡菜香味，尤其是醋螃蟹等别处少见的菜肴，更是令人食欲大增，其他的食品还有鱼干、黑豆、豆芽菜、香菇等常见菜色，可供食客们选择。

东门市场内的美食众多，尤其是产自济州岛水域的海鲜最受食客们的欢迎，不但有味道鲜美的海洋扇贝，也有鱿鱼、乌贼等虽形象不佳，但口感甚好的美食，当然这里还有广受赞誉的鲍鱼等美味。炒年糕这种韩国小吃在这里也是随处可见，其不同做法造就了不同口味的佳肴，当中自然少不了最受当下韩国青年欢迎的辣炒年糕。济州岛的橘子是这里独有的美食，个大味甜，较之别处的蜜橘略胜一筹。

02 济州牧官衙
朝鲜李朝时代济州府的府衙所在地 赏

TIPS
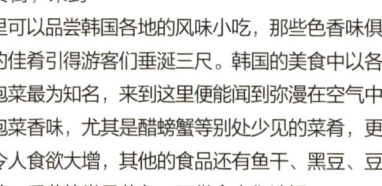济州道济州市三徒1洞983号　☎064-710-6594　💰1500韩元
🚌乘100、200、300路公交车至观德亭站下　★★★

济州牧官衙是朝鲜李朝时期济州府府衙的所在地，自12世纪末建成未曾改换过地址，是韩国政府认定的第380号史迹。这是一栋典型的东方式官署建筑，整体气势宏伟，雕梁画栋的殿堂庄严肃穆，象征着这里作为一州重地的不凡之处。

济州牧官衙历史悠久，曾几经毁坏重建，只有观德寺幸运地保存了下来，其他建筑都是韩国政府在独立后通过查找文史资料并参照同时期的官衙形态，在原址上重建起来的。游客在进入官衙之后可以看到一只朴实无华的木牛和它周围的一小块田地，这是封建时代的官员为了向治下的百姓表示重视农桑的一个措施，用于表达他们体验民情、民心，并祈求风调雨顺的愿望。

03 中央路地下商店街
济州岛唯一的地下商场

位于济州市中心的中央路地下商店街,不但是济州岛唯一的地下商场,也是该市最为繁华热闹的商业街区。这里店铺有3000多家,除了随处可见的服装店,还有销售手工艺品的民俗商店,此外还有出售鞋、饰品、眼镜、钟表、珠宝、箱包、帽子、鲜花等商品的店铺。

漫步在这个人声鼎沸的地下商场,可以购买到各种时下韩国流行的服饰,也能买到朝鲜族的传统服装和各种民间饰品。在中央路商店街如果走累了的话,还能在专门的休息区放松僵硬的身体,也能在饭馆、快餐店中品尝各种美味佳肴。

TIPS
- 济州道济州市观德路
- 乘100、200、300路公交车至观德亭站下
- ★★★

04 观德亭
济州古城历史最悠久的建筑之一

位于济州市中心观德亭广场上的观德亭是这座古城中历史最悠久的建筑物之一,也是中朝源远流长文化交流的见证者,它的名字就来自于中国古代大儒朱熹所著的《论语集注》中的"射以观德"。观德亭是一个无墙无窗、四周通透的凉亭式建筑,建成于15世纪中期,是当时的济州牧使辛淑晴为提倡百姓的尚武精神而建造的。

观德亭古朴庄严,木制的亭柱强劲有力,而横梁上则雕刻着《十长生》、《赤壁大捷》等壁画,皆取材于中国的历史事件,这些雕刻技法精湛、韵味无穷,是韩国艺术史上的杰作。此亭的亭前广场是济州市民休闲放松的地方,也是外来游客们摄影留念的好去处,那里还立有济州的象征——多尔哈鲁邦的石像。

TIPS
- 济州道济州市三徒1洞983号
- 064-710-6594
- 1500韩元
- 乘100、200、300路公交车至观德亭站下
- ★★★★

05 樱花大道
济州岛上的赏樱圣地

TIPS
🏠 济州道济州市 🚌 乘100路公交车至济州市外长途汽车站下 ❀★★★★

樱花大道不但是济州岛上的赏樱圣地，还是韩国最著名的赏樱景区之一。较之其他地区的樱花，这座岛城的樱花是以花瓣较大而著称，又因为这里是韩国樱花最早盛开的地方，所以这里樱花更加娇艳，最有花海似云霞的韵味。

每年春季，鲜花盛开的时候，樱花大道会举办热闹的樱花节，这时来自韩国各地的游人汇集在这里，并以家庭为单位，在欣赏大自然美景的同时共享天伦之乐。来到樱花大道除了赏樱之外，还能参加当地政府举办的丰富多彩的娱乐活动，既有《春之花》特别展览，也有展示济州人民聪明才智的折纸展览和利用废旧品制作模型的竞赛，到了樱花节最后一天还会在樱花大道上举行"樱花大道竞走"比赛。

06 龙头岩
济州岛上最著名的景点之一

龙头岩是济州岛上最著名的景点之一，它位于济州市中心龙潭洞地区的海边，是一个奇妙的自然景观。这块巨大的岩石宛如一只昂首挺胸巨龙的龙头，凝视着波澜壮阔的大海。相传这里本是一条苍龙的栖息之地，结果在飞升之时惨遭雷击，全身四分五裂，只有头部化为岩石，遗留在了这里。在龙头岩不远处有一个巨大水池，清澈见底，据说那就是龙戏水游玩的地方，因此被称为龙池。夕阳西下之时，金色的阳光洒落在龙头岩四周，远远看去，整只巨龙笼罩在美丽的光芒中，充满了奇妙的活力，栩栩如生。

龙头岩附近怪石嶙峋，都是由两百万年前火山爆发时喷出的熔岩凝固而成的，它们历经风霜的洗礼，形成了如今令人啧啧称奇的美妙景色。

TIPS
🏠 济州道济州市龙潭洞 ☎ 064-750-7541 🚌 乘200、300路公交车至龙潭2洞事务所站下 ❀★★★★

07 济州小人国主题乐园
韩国最大规模的微缩景观

TIPS
- 济州道西归浦市安德面西广里725
- 6000韩元
- 乘济州市外巴士客运站开往大井的巴士,20分钟发一辆 ★★★★

济州小人国主题乐园是韩国诸多缩微景区中最大的一座,来到这里不但能看到韩国各个时期的代表性建筑物,还能领略到世界诸多名胜的华丽风光。这里有雕梁画栋的景福宫,还有观测星象的瞻星台,还能俯瞰气势宏伟的佛国寺的全貌,首尔火车站和济州国际机场则是韩国现代建筑的代表作。

济州小人国主题乐园内还有30多个国家的近百处景点,既有气势宏伟的天安门广场与紫禁城,也有雄伟壮观的埃菲尔铁塔与伦敦塔桥,比萨斜塔这一建筑奇迹在这里也能看到。这个景区还有恐龙化石供人参观,当然最值得一看的是济州本地的石文化展览和当地各种古老的民俗模型。

08 济州民俗自然博物馆
了解济州岛的历史民俗

TIPS
- 济州道济州市一徒2洞996号
- 064-722-2465
- 1100韩元
- ★★★

济州民俗自然博物馆是收藏济州岛不同历史阶段的民间生活用品及习俗的地方。来到这里还可以看到自然史迹等景观,是了解济州地区的发展历程与当地人民生活状况的好地方。这个博物馆中的自然史展馆介绍了这座古老的岛屿与朝鲜半岛的异同之处,通过现代化的影音手段介绍了济州岛的形成过程、地质岩石、海洋生物、动物、植物等资料。第一民俗展示室、第二民俗展示室和露天展示室是再现济州地区的劳动人民与大海拼搏又相互依存的历史,展现了他们坚强的意志和不屈的开拓精神。济州民俗自然博物馆中收集的民间用具都是曾经生活在这里的先民使用过的,不但有独特的海女工作器具,也有传统的农业工具与贮藏器具,还有祭祀先人和神灵的各种用具。

09 泰迪熊动物王国
济州地区最受儿童欢迎的游乐场

　　泰迪熊动物王国是济州地区最受儿童欢迎的游乐场所，在这里可以看到各种各样的泰迪熊玩具，是一个充满了童趣与欢乐的世界。这里分为多个馆区，最独特的当属历史馆，里面将诸多有名的历史场景与可爱的玩偶结合在一起，那些玩具熊、古董玩具熊模拟了历史人物在场景中的动作与姿态，其中再现《最后的晚餐》和《蒙娜丽莎》两幅名画的泰迪玩具熊，造型优美，在这里最引人注目。艺术馆中还有许多名家创作的泰迪熊玩具，其中既有流行的动画人物玩偶，也有各有特色的奇妙玩具。这里的微型泰迪熊是世界上最小的泰迪熊，值得一看。企划展厅是介绍泰迪熊发展历史的地方，不同时期的主题玩具在这里都有收藏。

TIPS
济州道济州市雅月邑召吉里115-12　064-799-4820
6000韩元　乘出租车可达　★★★★

10 雪绿茶博物馆
了解韩国传统茶文化

TIPS
济州道西归浦市安德面西广西里1235-3　064-794-5312　★★★

　　雪绿茶博物馆是一座建于21世纪的博物馆，它虽然年轻，但却是介绍源远流长的韩国传统茶文化的地方。这个博物馆是以古老的绿茶为主题的专门展馆，位于著名的西广茶园附近，整体造型犹如交错相连的茶杯一般，有着古朴典雅的韵味，亭台相连，鱼儿在碧荷间嬉戏，在二楼倚栏远眺，可以看到绿茶满园，风景如画。

　　在这个博物馆里可以了解到绿茶文化在朝鲜半岛的发展历程，参观采茶、品茶的不同用具，了解与茶有关的名人雅事和绿茶的保健作用，以及韩国各地名茶的独特之处。

11 翰林公园
与大自然亲密接触

TIPS
- 济州道北济州郡翰林邑挟才里2487号
- 064-796-0004
- 6万韩元
- 乘环岛西线公交车至翰林站下
- ★★★★★

　　翰林公园是济州市远郊的著名景区,这里是一个与大自然亲密接触的地方,不但有济州岛上随处可见的花草树木,还有从世界各地移植而来的珍稀物种,分别生长在华盛顿椰子园、宽叶植物园、奇异果园等10多个园林之中,而著名的挟才窟和双龙窟等熔岩窟也在这个公园内。翰林公园的景点众多,最著名的为热带植物园,那里充满了浓郁的热带风情,高大的椰子树茁壮地成长着,纵横交错的藤蔓穿行在天顶之上,各种奇妙的植物在这里汇聚一堂,令人有种置身于热带雨林中的感觉。

　　翰林公园中的财岩村落是展示古代济州人民生活场景的民俗村,来到这里可以了解到济州岛民独特的生活方式。

12 五日市场
济州岛上的传统市集

TIPS
- 济州道济州市老衡1洞
- 064-750-7357
- 乘36、37路公交车至五日市场站下
- ★★★

　　每隔5天在济州岛上都会举行一次传统市集,因而被命名为五日市场。市集举行时,许多当地人都会将自产的农产品拿来销售。五日市场共分为蔬果、鱼肉类、服饰和花草植物等区域,还有人参、海苔、泡菜、柚子茶等游客喜爱的特产,价格便宜,不仅受到当地居民欢迎,也成为许多来济州岛的观光客所喜爱的热门景点之一。

13 天帝渊瀑布 赏
闪烁五彩光芒的瀑布

　　天帝渊瀑布虽然没有波澜壮阔的气势，但它却有着难以言喻的独特魅力，汹涌的水流从黑色熔岩的悬崖峭壁上奔腾直下，在湖面上激起了一朵朵灿烂的水花。这里水声震耳，雷霆万钧，雄伟壮观。夜晚这里会被灯光照亮，飞散的水花反射出五彩的光芒，有着难以言喻的美感。这里风景优美，小路崎岖蜿蜒，幽深清净，是放松身心的好地方，道路两旁的花朵在微风中散发出清香，树枝在微风中摆动，令人心旷神怡。天帝渊瀑布的湖泊中生长着奇妙的观赏动物——花鳗鲡，有着美丽的花纹和矫健的身姿，不过它们只在夜间出现。此外，天帝渊瀑布还是韩剧《大长今》中男女主角相爱和别离场景的拍摄地，吸引了很多情侣和《大长今》FANS慕名而来。

TIPS
🏠 济州道西归浦市穑达洞3381-1　🚌 乘600路公交车至如美地植物园前站下　⭐★★★★

14 汉拿山
韩国最高峰

汉拿山是韩国的三大名山之一,也是济州岛的制高点,被当地人称为"神之山"。汉拿山是一座死火山,其主峰高度近两千米,顶部是一个火山湖,名为白鹿潭。这座高山风景壮丽,不同高度的景观各有特色,这里既有漫山遍野的金达莱花海,也有苍翠欲滴、枝繁叶茂的林地。山腰上的广袤草原上还有鹿群在奔驰。这座雄伟的高山景色宜人,终年积雪的皑皑山顶吸引着世界各地的登山爱好者前来征服。来到白鹿潭畔的游客们可以远望海天一色的壮观景象,俯瞰脚下济州岛的美好风光,还能远眺朝鲜半岛的秀丽景色。攀登汉拿山需要精心选择路线,这里雾气浓厚,山色相近,游客须沿山路前行,以免迷失方向。

TIPS
济州道济州市海安洞　064-713-9950　乘516、780路公交车至城板岳站下 ★★★★

15 蚊岛
济州岛最著名的潜水胜地

作为闻名世界的潜水胜地之一,蚊岛吸引了世界各地的游人慕名而来,在这里潜水、钓鱼,或是乘坐潜水艇游览美丽的海底世界,充满了别样的乐趣。乘潜水艇慢慢潜入海底的过程令人紧张兴奋,周围水中嬉戏的鱼群五彩缤纷,不时在潜水员的引导下出现在舷窗外,而美丽的海底世界在潜水艇灯光的照射下更是如海底龙宫一般,令游客惊叹不已。

TIPS
济州道西归浦市天地渊龙500米内侧　064-732-6060
4.5万韩元　乘516路公交车至西归浦市外公交车总站下
★★★★

16 西归浦独立岩 赏

济州岛南部海岸最著名的景点之一

TIPS
- 济州道西归浦市天地洞
- 乘公交车至独立岩下
- ★★★★

西归浦独立岩是济州岛南部海岸最著名的景点之一,相传这里在高丽时代末期曾被将军崔荣用于讨伐敌寇,因此又有着"将军岩"的别称。这块奇异的岩石有着威武的气势,远远望去宛如一名身披甲胄、正欲奔赴战场的武将。在这里能够感受到碧海连天的壮观景象,也能看到那怪石嶙峋的奇妙景象。

独立岩地区的胜景众多,遍布着陡峭的断崖绝壁,这些大都是几百万年前的熔岩石,历经风吹雨打的反复洗礼后,从而留下这令人叹为观止的景色。

17 松岳山阵地洞窟 赏

日本殖民时期留下的遗迹

TIPS
- 济州道南济州郡大静邑上摹里
- 乘公交车至摹瑟浦站下
- ★★★

松岳山阵地洞窟是日本殖民统治时期留下的遗迹,它是第二次世界大战末期,日军为了防止盟军登陆日本九州岛,而将距离较近的济州岛作为战争前沿而挖掘的军用工事。这些大小相近的洞窟都位于松岳山的峭壁之下,设计精巧,入口较为隐蔽,均为日本的鱼雷艇出动的地方,洞窟的内部有隧道相互连接,是一个完整的海军基地。现在的松岳山阵地洞窟早已没有了战争的痕迹,而是成为了济州岛上的一个新兴的景点,风靡东亚的电视剧《大长今》最后一集的部分场景就是在5号洞窟中拍摄的。

18 如美地植物园
全亚洲最大的植物园

　　如美地植物园号称是全亚洲最大的植物园，这里收集了世界各地的花草树木，是一个集旅游、休闲、科普等多功能于一体的综合性景区。这个植物园内奇花异草汇聚一堂，但是最令人印象深刻的却是园中的望塔，在那里可以远眺周边的风景，乐天饭店、七仙女桥、高尔夫球场等济州岛的名胜会尽收眼底。

　　如美地植物园的花蝶园内长满了色彩缤纷的花朵，每到春季这里就会飞舞着千姿百态的蝴蝶，令人眼花缭乱；水生植物园中都是奇妙的水中花木，它们独特的生存方式令人啧啧称奇；热带果树园里充满了浓郁的赤道风情，藤蔓遍布。除此之外这里还有生态园、肉质植物园等多个旅游景点。这个植物园内还有中文的导游地图供游客们使用。

- 济州道西归浦市穑达洞2920号　☎ 064-738-3828
- 6000韩元　乘600路公交车至如美地植物园前站下
- ★★★★

19 城邑民俗村

汉拿山中一处古老的村庄

城邑民俗村原本是汉拿山中一处古老的村庄，因其完整地保存了古代李氏王朝时济州岛的各种风俗，因而被指定为民俗村，是了解古代朝鲜半岛民间文化的好地方。这个古老的村庄中的建筑大都有着悠久的历史，均保留了古代村庄房屋的原貌，那些以茅草覆盖的屋顶、石头垒砌的院墙以及用横木取代大门的民宅，都是现代钢筋铁骨的都市中难以见到的。漫步在村中可以看到那些有形和无形的文化遗产，从古老的乡校、古代官公署、石神像等公共建筑，到风味独特的乡土佳肴、孩童们玩耍的古老游戏和独特的济州方言，无一不彰显出这里作为文化民俗村的独特。

TIPS

济州道西归浦市表善面城邑里　064-787-1179　乘公交车至城邑1里站下　

20 药泉寺

韩国占地面积最大的寺庙之一

药泉寺是济州岛上最为壮丽的寺庙,也是韩国占地面积最大的寺庙之一,寺内绿树掩映、花开烂漫,是一处清幽僻静的地方。这里的主殿大光明殿是一栋雕梁画栋的东方式建筑,有2000多平方米,殿前牌匾上的汉字苍劲有力。寺内供奉了三座释迦牟尼佛的坐像,这种供奉方式在世界诸多佛教寺庙中都极为罕见。药泉寺内许多殿堂的墙壁上刻绘有精美的壁画,内容大都取材于佛教传说和朝鲜半岛上的民间故事,这些画作技法精湛,是不可多得的艺术精品,其中最著名的当属《断臂立雪》。值得一提的是,这里的观音菩萨像是男性的外形,颇有特色。

TIPS

◎济州道西归浦市大浦洞 ☎064-738-5000 🚌乘600路公交车至中文郊区下 ★★★★

21 济州民俗村博物馆 赏
了解古代济州文化的绝佳地点

TIPS
济州道西归浦市表善面表善里40-1　064-787-4501　6000韩元　乘700路公交车至济州民俗村站下　★★★

济州民俗村博物馆收藏了济州岛上的各种民俗文化的代表器具、建筑材料和生活用品，是了解古代济州文化的绝佳地点，这里的展馆有许多从济州市区一砖一瓦原封不动地搬迁而来的古代房屋，原汁原味地再现了济州岛的传统文化和民俗风貌。这里既有淳朴的山间乡村，也有当地的官吏们居住的屋舍，而海女与渔民所生活的地方则是当地的一大奇景。这里还有与百姓们生活息息相关的官府、市场与巫俗信仰等房舍。此外，这里也是风靡东亚的电视剧《大长今》的主要外景地之一，在这里能够看到那一个个熟悉的场景，回想起那一幕幕精彩的剧情。

22 表善海水浴场 玩
济州岛最特殊的海水浴场

TIPS
济州道西归浦市表善面表善里　064-787-2012　乘公交车至表善站下　★★★★

表善海水浴场是济州岛上诸多海滨浴场中最为奇特的一个，在退潮时与别处一样是个普通的沙滩，但是在涨潮时这里会形成一个水深1米左右的圆形湖泊，令人惊叹不已。这里是少见的白沙滩，浴场内沙软潮平，岬角拔地而起，远端怪石嶙峋，是一处赏景的佳所。附近还有过去所建的炮台，在那里能够眺望无边无际的大海，感受水天一色的壮观景象，钓鱼台则是人们休闲的地方。表善海水浴场的夜景是济州岛上的名景，漫天的繁星与周边灿烂的灯火相映成趣，尤其到了满潮的时候，那豪迈的气势令人久久不能忘怀。

23 海女博物馆
传承海女文化的纪念馆 赏

TIPS
济州道北济州郡旧左邑下道里3204-1　064-741-0374　1200韩元　乘100、200路公交车至海女抗日运动纪念塔前站下　★★★

海女博物馆是介绍古代济州妇女与海浪搏斗撑起半边天的地方，是纪念那些坚强的女性的丰功伟绩和传承海女文化的纪念馆。海女是济州岛海滨地区对下海捕捞鲍鱼、贝类、海草等海物的女性的统称，她们的随身携带的工具通常只有简陋的护目镜、具有浮力的圆球及盛装海物的网兜而已。

这座博物馆共分为三层，第一层被命名为"海女生活"，是介绍海女的生活、工作以及她们居住的地方，这里不但展出了海女们吃过的食物和使用过的工具，还复原了她们所居住的房舍。第二层是"海女的劳作"，是介绍海女们下海捕捞的过程，还展出了海女们曾经用过的各种物品、工具和她们独特的服饰。第三层则是观景区，在那里可以瞭望无边无际的大海和博物馆附近的优美景色。

24 城山日出峰
世界上最大的突出于海岸的火山口 赏

TIPS
济州道南济州郡城山邑城山里　064-783-0959　2000韩元　乘4路公交车至城山日出峰入口站下　★★★★

城山日出峰是汉拿山脉中东部的一处奇景，它是世界上最大的突出于海岸的火山口。在这里可以望无边无际的大海，感受海天一色的壮观景象，看脚下波涛滚滚，令人感慨万千。这里的另一大景观是周围的99座奇石怪岩，它们环绕在城山日出峰的四周，宛如王冠的金边，令人不禁感慨大自然的鬼斧神工。

城山日出峰的峰顶开阔而平坦，这里有济州岛上的著名牧场，遍布苍翠欲滴的青草，还可以看到悠然自得的动物们，是一处洋溢着边塞风情的景区。在这里还能看到壮观的海上日出，层层叠叠的海浪敲打着海岸，奏出华丽的乐章，火红的太阳慢慢地从海平面上升起，霞光万丈，美不胜收。

25 牛岛
济州东部的美丽小岛 赏

牛岛是济州岛东部的一个小岛，因为这里形如卧牛，故得此名，还有珊瑚之岛、海女之岛、灯塔之岛的别称。这里的景点众多，其中最著名的当属昼间明月、夜航渔帆、天津观山、地头青沙、前浦望岛、后海石壁、东岸鲸窟、西滨白沙这八处美景，它们被并称为牛岛八景。珊瑚沙海水浴场是罕见的珊瑚沙浴场，从海岸开始白色、天蓝色、深蓝色、墨绿色层层延伸，相互交会，而又泾渭分明，是一处难得的美景。爬到牛头峰顶，不但可以登上著名的灯塔，还能俯瞰小岛全景，观望无边无际的大海与近在咫尺的济州岛。牛岛还是多部著名电视剧的外景地，在这里可以看到电视上熟悉的场景。

TIPS
济州道济州市　5500韩元　乘4路公交车至城山站下车乘船即达　★★★★

26 万丈窟
世界上最大、最长的熔岩洞窟 赏

TIPS
济州道济州市旧左邑东金宁里山7-1　064-783-4818　2000韩元　乘700路公交车至万丈窟停车场站下　★★★★

万丈窟被誉为世界上最大最长的熔岩洞窟，是韩国著名的自然保护区，也是济州岛上一个新兴的旅游景点。在这里可以看到奇妙的钟乳石与华丽的熔岩石景观，洞内层次繁杂、道路曲折，沿途可以看到多种多样的奇妙景观，千姿百态的石笋、石幔、石钟乳层层遍布，令人啧啧称奇，它们并向同一方向双重、三重发展，呈现出熔岩洞的地形特点。万丈窟中最著名的景点当属那近一米长的巨大石笋，倒吊于空中的它有着难以言喻的魅力。洞窟内的熔岩管状隧道则是这里的另一大看点，这种奇特的景观在别处是难以见到的。

27 太王四神记公园
韩剧迷不可错过的影视城 玩

太王四神记公园又名太王四神影视城，是为了拍摄电视剧《太王四神记》而修建的影视城，主要是电视剧中王宫的场景所在地，同时有太学、寝宫、城门等景点，还修建了城郭、民宅、客栈和府邸等建筑供人参观。《太王四神记》是韩国热播的神话历史剧，它以古代高句丽国王广开土大王的生平事迹为原型，虚构了一个令人啧啧称奇的奇幻故事。这个公园内的建筑古朴典雅，还有诸多电视剧中场景的再现与歌舞表演，因此吸引了众多热爱韩剧及韩国明星的游客。

TIPS
济州道济州市旧左邑金宁里山157-4　064-782-9471　8000韩元　★★★★

28 玻璃之城
济州岛上最奇特的景点 赏

玻璃之城是济州岛上最为奇特的景点,可以欣赏到千姿百态的玻璃制品和用途各异的玻璃器皿。这里的景观几乎都是由玻璃制成的,既有通体透明的玻璃房屋,也有宛如飞虹一般的玻璃桥和无比坚固的玻璃道路。漫步于此,游客们可以欣赏到由玻璃饮料瓶子改造成的五彩鱼、橘子树、鲜花等工艺品,还有五彩缤纷的各种艺术品,而那些工业上所用的成品玻璃更是有着令人啧啧称奇的外形。这里的玻璃迷宫具有梦幻色彩,常常会使探险者无法找到前进的道路。而玻璃之城的另一大特色就是可以让游客们亲手吹制玻璃制品,这些现场完成的玻璃制品虽然没有炫目的外形,但却是最受欢迎的纪念品。

TIPS
济州道济州市翰京面低地里39-3　064-772-7777
★★★

畅游韩国 济州岛

KOREA GUIDE

Korea

畅游韩国 ❼

韩国其他地区

韩国其他地方虽然景点不是很密集,但是也非常经典,比如南原广寒楼、古薮洞窟等,都很有历史文化气息。此外,还有许多自然风光也很优美,像忠州湖、边山半岛国立公园等就是其中的代表。

01 牙山 赏
历史悠久的古城

牙山是韩国西海岸城镇,濒临牙山湾,古时是一处繁荣小镇,农产品集散中心,是沿岸地区与海上小岛联系的中转站。目前是韩国重要的港口和工业基地,韩国现代等大企业都在牙山开有工厂。牙山的旅游资源也十分丰富,这里以高质量的温泉出名。牙山市内共有温阳、牙山和道高三个温泉区,每个温泉区的水量和矿物质含量都十分丰富。附近还开设有设施完备的牙山主题温泉乐园,是最吸引游客的游乐场所。

此外,牙山的历史古迹也非常多,有500多年历史的外岩里民俗村、纪念名将李舜臣的显忠祠,以及介绍附近民俗文化的温阳民俗博物馆,都在向人们介绍这座拥有悠久历史的古城。现代化的牙山集古老的历史氛围和现代化的都市气息于一身,深受游人的喜爱。

TIPS
忠清南道牙山市隐峰面新水里288-6　041-539-2000
8000韩元　乘100-1路公交车至牙山温泉观光区下
★★★★

02 古薮洞窟 赏
史前人类活动的场所

TIPS
忠清北道丹阳郡丹阳邑古薮里山4-2　043-422-3072
乘公交车至丹阳市外站下　★★★★

古薮洞窟位于韩国丹阳郡内,是一座石灰岩洞窟。洞窟长1300米,因规模大、景色美而闻名。在这里曾经发现过石器时代人类活动的痕迹以及打制石器,因此也被认为是史前人类活动的场所,非常具有考古价值。洞窟中至今生活着超过25种的特色生物,是研究古代生物进化的重要标本。洞里空间广阔,沟渠纵横,有无数形状各异的奇石怪岩,如狮子岩、章鱼岩、秃鹫岩,以及圣母玛丽亚岩等,这些岩石形状惟妙惟肖,让人不得不惊叹大自然的鬼斧神工。此外这里还有120多个形状各异的钟乳石及石笋。这些钟乳石石龄都很大,不光在研究附近的地理迁移和地貌形成等方面拥有很高的价值,而且形状优美、表面光滑,也非常具有艺术价值。

03 忠州湖
韩国最大、水质最好的湖泊

忠州湖是目前韩国最大，也是水质最良好的湖泊，被称作是"陆上之海"。这是一个利用忠州大坝将山谷封堵而形成的多功能人工淡水湖。忠州湖水青绿透彻，如一块翡翠一般。每天都会有高速游船沿着忠州湖水路行驶，游人们可以一览美丽风景。在忠州湖水路上有很多形状各异的山峰岩石，或形似龟鹤，或状如竹笋，或宛如美女猛将，将大自然的神奇完全融入其中。在清风渡口附近还可乘船观赏亚洲地区第二高的高射喷泉。忠州湖畔兴建有各种运动设施和娱乐设施，加之忠州湖上的水上运动场设施完备，这里可以说是全天候的旅游胜地。围绕着忠州湖周边还有很多著名的自然风光与人文历史景点，形成了一个规模很大的风景区，吸引了众多游客。

TIPS
忠清北道忠州市宗明洞　043-851-5771　★★★

畅游韩国 — 韩国其他地区

04 大邱博物馆
展示大邱文化遗产的博物馆

TIPS
大邱市寿城区Hwanggeum洞70号　053-768-6051
★★★★

国立大邱博物馆是一幢地下1层、地上2层,外观雅致清新的砖石建筑。博物馆内共有3个展示厅和1个企划展厅,以及体验学习室、视听室、图书室等设施,是一处以保存、展示大邱和京畿北道特色的文化遗产为主旨的博物馆,游人在这里可以欣赏到从旧石器时代到朝鲜半岛三国时期的历史文物,并通过各种佛像、佛教工艺品了解京畿北道的佛教文化。

05 保宁美容泥浆节
全球知名的古怪节日

TIPS
忠清南道保宁市　★★★★

保宁美容泥浆节是全球知名的古怪节日,每年7月在韩国保宁大川海水浴场举行。保宁的泥浆以其细腻柔软而闻名,而且富含矿物质和膨润土等具有护肤效应的成分,因此深受爱美人士的喜爱。每年节日举行的时候,海水浴场的白色沙滩上就聚满了来自全世界的游客,他们争先恐后地把黑色的泥浆涂抹在自己的脸上和身上,在白沙上显得分外醒目。清凉的海泥驱散了阳光的热量,使人浑身舒畅。除了可以用泥涂抹外,海泥滑梯、海泥手印、海泥自助按摩等多达24种新奇体验更使人乐在其中。即使是到了晚上,海边的热度也依然不减,美妙的音乐和充满激情的舞蹈点燃了狂欢的热情。此外还有泥浆表演和梦幻焰火等精彩节目,将夕阳西下的海滨点缀得更加美轮美奂。

06 大邱世界杯体育场 赏
大邱市民喜爱的文体休闲中心

作为2002年韩日世界杯的球场之一,大邱世界杯体育场共设有6.5万个座位,分为三层,球场顶棚充满流线美感,令人印象深刻。世界杯结束后,大邱体育场前增建了露天音乐喷泉等设施,而被改建成为供大邱市民休闲娱乐的市民娱乐广场,亦深受当地百姓喜爱。

TIPS
🏠 大邱市寿城区大兴洞504号 ★★★★

07 南原广寒楼苑 赏
朝鲜王国时代的庭园代表之一

TIPS
🏠 全罗北道南原市川渠洞78号 💰 2000韩元 🚌 南原火车站乘公交车至第一银行十字路口下 ★★★★

作为朝鲜王国时代庭园代表之一的广寒楼苑,以广寒楼为中心,由瀛洲、蓬莱、方丈三座浮于水面的小岛和象征着牛郎织女相会的喜鹊桥等组成。其中始建于1419年的广寒楼苑是由朝鲜世宗大王在位期间被流放到南原的丞相黄喜所建,15世纪中叶当时河东府院君郑麟趾为此地美景所吸引,故根据嫦娥所住广楼清虚府的神话传说将其命名为广寒楼。此外,在韩国知名文学作品《春香传》中,春香与李梦龙也在这里相识相爱,现今这里还设有春香祠堂,并在每年5月5日举办春香祭。

08 边山半岛国立公园
韩国唯一山水相映的国立公园

1988年被指定为国立公园的边山半岛国立公园是韩国全国唯一一处山水相依、相映成趣的地方。这里拥有35公里长的海岸线。其中，海岸地区是外边山，内陆山区则是内边山，最受游客欢迎的是彩石江和边山海滨浴场等景点，游人可以在这里游山观海，或是欣赏海上落日的壮美景色。

TIPS
- 全罗北道扶安郡
- 从首尔乘火车至金堤或井邑下
- ★★★★

09 禅云寺
历史悠久的百济古寺

始建于朝鲜百济时期的禅云寺是由黔丹禅师创建的寺庙，虽然在16世纪的丁酉战乱中几乎被大火焚毁，但现今寺内依旧建有大雄宝殿、万岁楼、灵山殿、冥府殿等建筑，还有兜帅庵等4座庵。而最吸引游人的则是存放寺内历代僧侣舍利的浮屠地，它掩映在一片苍郁青翠的丛林之中，游人在观光之余还可一览高17米的磨崖佛巨雕。每年春天，禅云寺后的小山坡上都开满了冬柏花，将整座寺庙装点成一片花海，吸引了众多游人慕名而来。

TIPS
- 全罗北道高敞郡雅山面三仁里500号
- 063-563-3450
- 2800韩元
- 从井邑汽车站乘禅云寺班车即达
- ★★★★

10 海印寺
韩国三大佛寺之一

坐落在伽耶山南侧山麓的海印寺是韩国名刹，因其丰富的收藏和古老的建筑被联合国教科文组织评选为世界文化遗产。这座历史悠久的寺庙建于公元9世纪初，历史上曾几经毁坏重建，只有幢竿支柱和几座石塔幸运地保存了下来。海印寺内的建筑古朴典雅，有着幽静的氛围。寺内最珍贵的宝物当属在13世纪雕刻的世界级文化遗产——高丽大藏经版，该版采用的字体是著名的欧阳询体，全版8万余字，无一错漏，是举世公认的标准大藏经和佛教全书。

TIPS
- 庆尚南道伽耶山南侧山麓　3500韩元
- 从首尔乘火车至金堤或井邑乘长途公交车至迦耶山下　★★★★

畅游韩国 · 韩国其他地区

213

畅游韩国 KOREA
索引 INDEX

爱宝乐园　　　　　　　　　　　139

Bird & Tree	076
八达门	141
百济参鸡汤	084
板门店	136
半月城	166
保宁美容泥浆节	210
北村文化中心	065
北岳亭	121
边山半岛国立公园	212
表善海水浴场	202
玻璃之城	205

Café Drama	125
CAFFE'OASCUCCI狎鸥亭分店	128
CERESTAR	074
COEX Mall	115
COEX水族馆	115
曹溪寺	062
草堂豆腐村	147
茶山桥	075
禅云寺	212
昌德宫	060
昌庆宫	059
城山日出峰	203

城邑民俗村	200
崇礼门	068
春川家辣炒鸡排	125
春川明洞	148

DUCHAMP	126
打开笔房	063
大韩生命63大厦	088
大韩剧场	092
大邱博物馆	210
大邱世界杯体育场	211
大岘商场	170
大学路	119
岛山公园	090
德寿宫	098
德寿宫石墙街	098
德寿宫现代美术馆	099

东大门	070		古坟公园	164
东大门市场	074		古薮洞窟	208
东大门小吃一条街	072		观德亭	191
东莱乡校	170		光州世界杯体育场	183
东门市场	190		光州艺术街	183
冬柏岛	158		广安里	159
斗山塔	072		广安里大桥	159
多岛海海上国家公园	182		广藏市场	120
			国际市场	156
E			国立光州博物馆	182
			国立民俗博物馆	053
儿童大公园	169		国立庆州博物馆	162
			国立中央博物馆	091

F

Four Seasons House	110		**H**	
梵鱼寺	160			
芬皇寺和皇龙寺	167		HANSKIN	078
奉恩寺	114		Hello apM	073
佛国寺	165		Heyri文化艺术村	138
福泉博物馆	170		海刚陶瓷美术馆	141
福泉洞古坟博物馆	162		海女博物馆	203
釜山博物馆	173		海印寺	213
釜山电影摄影中心	173		海云台	159
釜山电影院	160		韩国观光公社	108
釜山广域市立美术馆	172		韩国整形街	090
釜山海洋自然史博物馆	171		韩国之家	092
釜山近代历史馆	168		汉江	089
釜山乐天饭店表演	169		汉江市民公园	089
釜山乐天免税店	170		汉拿山	197
釜山市立博物馆	163		翰林公园	195
釜山水族馆	161		河东馆	084
釜山文化会馆	174		河回民俗村	166
			弘大酒吧街	113
G			弘大未来路	113
			弘益大学	112
GORILLAIN THE KITCHEN	130		红色森林	057
干鳕鱼汤Kol	094		花津浦海滩	148
高敞支石墓群	184		华克山庄	116
宫中饮食研究院	065		货币金融博物馆	097
			黄鹤洞妖怪市场街	071

I

I'PARK MALL	103

J

机张大边港	161
鸡林	165
济州民俗村博物馆	202
济州民俗自然博物馆	193
济州牧官衙	190
济州小人国主题乐园	193
加德岛	175
教保文库	107
金刚公园	171
金井山城	162
京东市场	105
京一韩纸百货店	064
京一眼镜	070
景福宫	052
景福宫石墙路	053

K

Kosney	124
KyoChon炸鸡神话店	128
咖啡王子1号店	111
快艇赛场	173

L

LANEIGE Star	078
Leeum美术馆	096
LINK'O	131
Lotte Young Plaza	082
劳的奥街	172
乐安邑城民俗村	181
乐天百货商场（东莱店）	171
乐天民俗博物馆	119
乐天民俗饮食街	117
乐天世界	117
乐天世界溜冰场	118
梨大前购物街	123
梨花女子大学	122
梨泰院市场	095
梨泰院伊斯兰寺院	094
里门牛肉汤	121
练武台射箭场	140
临津阁景区	137
龙山电子商场	104
龙山电子商街	103
龙山总站商场	104
龙水山	127
龙头山公园	156
龙头岩	192
乱打秀专用剧场	102
轮中路	086
罗阵商场	104
洛东江下游候鸟栖息地	174

M

MBC大长今村	138
Migliore	073
MiGO	124
马罗尼尔公园	118
明洞	082
明洞Omonichibu	085
明洞饺子	083
明洞圣堂	085
明洞咸兴面屋	080
明洞炸猪排	081

N

N.Grill旋转餐厅	077
N首尔塔	086
南大门美食街	071
南大门市场	069

南浦洞	157
南山公园	087
南山谷韩屋村	093
南怡岛	149
南原广寒楼苑	211
内藏山	184
挪夫家部队锅	079
牛岛	204

O

O'sulloc Tea House	080

P

Prince Edward SU KTV	111
泡菜博物馆	116
朴大监烧肉店	129
普信阁	107

Q

七乐赌场	114
漆 Gallery on	058
青纱草笼	096
青瓦台	055
清进屋	109
清溪川	106
庆会楼	052
庆熙宫	067
庆州历史遗迹地区	164

全州中央会馆	083

R

Rodeo Rode名店街	091
Romanee Conti	058
仁寺洞大街	064
如美地植物园	199

S

Sangsangmadang	109
SM娱乐经纪公司	127
40台阶文化观光主题街	167
三光寺	169
三清洞	056
三清阁	056
三星大楼	108
石窟庵	165
世宗文化会馆	101
首尔第二红豆粥	054
首尔广场	100
首尔历史博物馆	067
首尔市立美术馆	101
首尔市政厅	100
束草大浦港	149
水原华城	140
松广寺	180
松亭海水浴场	161
松岳山阵地洞窟	198

T

the Galleria	129
TODA COSA	077
TOYKINO玩具博物馆	057
塔洞公园	066
太王四神记公园	204
太宗台	156
泰迪熊博物馆	076

泰迪熊动物王国	194
天地然火汗蒸幕	079
天帝渊瀑布	196
田舍之食卓	095
通度寺	164
土俗村参鸡汤	054
统一公园	146

U

UN纪念公园	174

V

Vanessa brune Outlet	131

W

Walking Slowly	130
万丈窟	204
威斯汀朝鲜酒店	094
味加本	081
蚊岛	197
乌头山统一展望台	136
无等山	185
五福亭	099
五六岛	158
五日市场	195
五台山	146

X

西归浦独立岩	198
西面	157
西面1号街	168
西面美食街	169
潇洒园	180
新沙洞街路树街	113
新世界百货	069
新新圆	061

兄弟烤肉	121
宣仁商场	105
雪绿茶博物馆	194
雪岳山	147
雪岳水上乐园	148

Y

牙山	208
延世大学	121
雁鸭池	166
药泉寺	201
乙淑岛雕塑公园	175
樱花大道	192
迎月岭	172
营养中心总店	082
永渡桥	075
永丰文库	106
元祖奶奶鱿鱼中心	109
云岘宫	061

Z

札嘎其市场	158
瞻星台	167
战争博物馆	097
贞洞教会	099
贞洞剧场	102
真声博物馆	146
正东津火车站	147
智异山国家公园	185
雉岳山	149
中央路地下商店街	191
忠烈祠	163
忠州湖	209
自由剧场	120
自由市场	110
宗庙	063

《畅游韩国》编辑部

编写组成员：

陈永	陈宇	崇福	褚一民
付国丰	付佳	付捷	管航
贵珍	郭新光	郭政	韩成
韩栋栋	江业华	金晔	孔莉
李春宏	李红东	李濛	李志勇
廖一静	林婷婷	林雪静	刘博文
刘成	刘冬	刘桂芳	刘华
刘军	刘小风	刘晓馨	刘艳
刘洋	刘照英	吕示	苗雪鹏
闵睿桢	潘瑞	彭雨雁	戚雨婷
若水	石雪冉	宋清	宋鑫
苏林	谭临庄	佟玲	王恒丽
王诺	王武	王晓平	王勇
王宇坤	王玥	王铮铮	魏强
吴昌晖	吴昌宇	武宁	肖克冉
谢辉	谢群	谢蓉	谢震泽
谢仲文	徐聪	许睿	杨武
姚婷婷	于小慧	喻鹏	翟丽梅
张爱琼	张春辉	张丽媛	赵海菊
赵婧	朱芳莉	朱国梁	朱俊杰
高虹	诗诗	莎莎	天姝
郭颖	晓红	王秋	艳艳

图书在版编目（CIP）数据

畅游韩国/《畅游韩国》编辑部编著. 2版. —北京：华夏出版社，2016. 1
（畅游世界）
ISBN 978-7-5080-8604-0

Ⅰ. ①畅… Ⅱ. ①畅… Ⅲ. ①旅游指南—韩国 Ⅳ. ①K931.269

中国版本图书馆CIP数据核字（2015）第230118号

畅游韩国

作　　者	《畅游韩国》编辑部
责任编辑	杨小英
责任印制	刘　洋

出版发行	华夏出版社
经　　销	新华书店
印　　装	北京金吉士印刷有限责任公司
版　　次	2016年1月北京第2版　2016年1月北京第1次印刷
开　　本	720×920　1/16开
印　　张	14
字　　数	200千字
定　　价	49.80元

华夏出版社　网址：www.hxph.com.cn　地址：北京市东直门外香河园北里4号　邮编：100028
若发现本版图书有印装质量问题，请与我社营销中心联系调换。电话：（010）64663331（转）

考拉旅行 乐游全球